AF273754

Santidad para *losers*

PAUL GRAAS

Santidad para *losers*

EDICIONES RIALP
MADRID

Título original en holandés: *Heiligheid voor losers*

© 2024 *by* Paul Graas
© 2024 *by* EDICIONES RIALP, S. A.,
    Manuel Uribe 13-15, 28033 Madrid
    (www.rialp.com)

Preimpresión: produccioneditorial.com

ISBN (edición impresa): 978-84-321-6811-6
ISBN (edición digital): 978-84-321-6812-3
ISBN (edición bajo demanda): 978-84-321-6813-0
Depósito legal: M-14786-2024

Impreso en España   *Printed in Spain*

Estilo Estugraf, S.L. Ciempozuelos (Madrid)

ÍNDICE

PRÓLOGO

Un libro que trata de ser santo, ¿es algo para ti? Puede ser que cuando piensas en un santo, pienses en una estatua en una iglesia o en alguien lejano y distante. La belleza de este libro es que te muestra de forma inspiradora que la llamada a la santidad es algo para gente muy corriente, ¡para ti y para mí!

Permíteme decirlo sin rodeos: la santidad no trata de no cometer errores. Seguramente muchos de nosotros sentimos esa presión: tienes que ser perfecto, no puedes fallar, tienes que "brillar". La exigencia de la 'imagen perfecta' hace que vivas entre bastidores: el decorado parece bonito, pero la vida que hay detrás permanece oculta y nadie puede verla. Creo que mucha gente tiene miedo de mostrarse como es, porque si te abres, te haces vulnerable. La "cultura de la cancelación" no ayuda mucho en este sentido. Si es absolutamente necesario ser bueno y perfecto, algunas cosas se etiquetan como OK, básicamente porque no puedes cometer errores. Una cultura así casi te obliga a no ser santo. Porque la santidad es ante todo veracidad, honestidad.

El papa Francisco respondió a esa cultura de la "imagen perfecta" durante la Misa final de las Jornadas Mundiales de la Juventud en Portugal:

9

No nos volvemos luminosos cuando nos ponemos debajo de los reflectores, no, eso encandila. No nos volvemos luminosos cuando mostramos una imagen perfecta, bien prolijitos, bien terminaditos; no, no, aunque nos sintamos fuertes y exitosos. Fuertes y exitosos, pero no luminosos. Nos volvemos luminosos, brillamos, cuando, acogiendo a Jesús, aprendemos a amar como Él.

Puede sonar un poco contradictorio, pero uno se hace santo siendo pequeño y sintiéndose pecador, afrontando las cosas y atreviéndose a hablar de tus debilidades. Es la única manera. Por supuesto, no tienes que hablar de tus luchas espirituales en todas partes y con todo el mundo, pero es cierto que has obtenido una victoria sobre ti mismo y sobre el pecado cuando te atreves a abrir tu alma en una buena conversación. El mal pierde un aguijón venenoso cuando hablas de él con confianza. No por nada la frase: "No tengas miedo", se repite sin cesar en la Biblia.

No pienses que eres el único que sufre por este pecado o con esa tentación en particular. Si piensas eso, es porque no conoces lo suficiente a otras personas. Y, por favor, no pienses que tú no tienes solución, que nunca podrás vencer ese pecado y que por tanto no tiene sentido luchar contra él. ¡No es verdad! Además, tú no eres bueno porque vences, sino porque luchas y no te desanimas. Acéptate a ti mismo y lucha la buena batalla; el resto es gracia. Tu caminar por la vida depende de Dios. Trata de confiar en Él y acepta que —¡gracias a Dios!— no eres esa "imagen perfecta" que la cultura actual intenta imponer. ¡Así es como te conviertes en un pecador santo! Un santo es siempre un pecador, pero uno que vive por la gracia de Dios y que, sin embargo, siempre se levanta y trata de hacer algo hermoso de su vida permitiendo que el amor de Jesús entre en su corazón.

¡No puedo más que recomendar este libro!

+Jan Hendriks
Obispo de Haarlem-Amsterdam

INTRODUCCIÓN

*«Cada santo tiene un pasado,
y cada pecador tiene un futuro».*

— Oscar Wilde[1]

¿Has asistido alguna vez a una canonización? Yo sí. He estado presente entre una multitud de personas de todas las razas y culturas, mientras el papa celebraba la Santa Misa. Todos los presentes estaban unidos por la devoción a la persona canonizada. Muchas personas contaban cómo el santo les había ayudado en dificultades o les había concedido favores. En algunos casos, incluso se había producido un milagro con el poder de Dios, como la curación inexplicable de una enfermedad.

Los santos sin duda son personas muy especiales. Han vivido vidas impresionantes. Han acercado a mucha gente a Dios. Algunos incluso hicieron milagros y tuvieron visiones, éxtasis u otros fenómenos extraordinarios. Sus vidas fueron una gran aventura humana y divina, porque supieron seguir este mensaje de Jesús: «Sed perfectos, como vuestro Padre celestial es perfecto»[2].

Después reflexiono sobre mi propia vida y me pregunto: «¿Debería yo también ser santo, como

---

[1] Oscar Wilde, *A Woman of No Importance* (Project Gutenberg, 2021), tercer acto [traducción del autor].

[2] Evangelio según S. Mateo: 5, 48.

13

estos hombres y mujeres lo son?». Igual a uno le dan ganas de reírse al considerarlo: «¿Yo? Pero si soy tan normal. No soy mejor que nadie. De hecho, a veces me siento un *loser* incapaz de hacer algo bueno. ¿Cómo puedo llegar a ser santo, si ya tengo tantos desafíos y complicaciones en mi vida? ¿No es un ideal demasiado elevado que acabará causándome más decepciones de los que ya tengo en mi vida?».

También puede ser que este ideal de perfección cristiana no te atraiga: «¿Por qué necesito hacerme santo? ¿No soy bueno tal como soy? Además, no quiero obsesionarme con ser perfecto ni pretendo querer ser mejor que los demás».

Tal vez reconozcas estos pensamientos y razonamientos. Me puedo imaginar que el ideal de santidad no atrae personalmente a muchos cristianos, porque la idea que tienen de ella está demasiado lejos de la realidad de sus vidas. Parece como si el camino hacia la santidad fuera para un grupo de personas especiales, una especie de élite espiritual que tiene poderes y talentos especiales y que ha recibido una gracia muy especial de Dios. Se trataría de personas que hicieron cosas extraordinarias; que convirtieron muchas almas a la fe; que rezaron todo el día sin aburrirse; que supieron conmover con su carisma a todos los que les rodeaban y que ofrecieron al Señor sin titubeos los sufrimientos, la penuria y la enfermedad.

Luego están los cristianos normales. Personas que no son tan carismáticas; que ya se aburren si el sermón del domingo dura cinco minutos de más; que ya están contentos si consiguen tener una conversación un poco más profunda de lo normal con sus amigos; que se ponen de mal humor si se acaba la batería del teléfono o si no encuentran aparcamiento. El contraste parece enorme entre los santos y la gente normal.

Con este libro quiero convencerte de la verdad más importante de tu vida: Jesús anhela que seas santo. No te digo que el camino de la santidad sea fácil, pero es posible y, lo que es más importante, realmente vale la pena. Repito: vale la pena. Es el camino más feliz, hermoso y verdadero que puedes recorrer en tu vida. Es el camino que colmará tus deseos más profundos con una alegría y una paz que ninguna droga, riqueza o placer pueden proporcionarte. Al perseguir sinceramente la santidad, disfrutarás más de la amistad, de tu carrera, de tus deseos sexuales, de tus aficiones y de cualquier otro aspecto hermoso de la vida.

Supongo que ha habido santos que han pecado poco en su vida y no han tenido caídas importantes. Hombres y mujeres que han crecido gradualmente en el amor y la piedad desde la infancia y nunca han abandonado el camino. Eso es inspirador y es un motivo para dar gracias a Dios. Pero para la mayoría de nosotros no es así. De hecho, la mayoría de nosotros nos sentimos débiles y quebrados. Nos sentimos incapaces. Pero he aquí que eso no es obstáculo para llegar a ser santos.

He escrito este libro para personas que se ajustan a uno de los siguientes perfiles:

— El que ha intentado repetidamente crecer en la vida cristiana, pero no ha alcanzado las expectativas que tenía y se ha desanimado.

— El que se siente inseguro de sí mismo y cree que no está a la altura de las expectativas de Dios y de su prójimo.
— El que sufre de problemas de salud mental, por ejemplo, debido a la depresión, la ansiedad, el estrés o el quebrantamiento interior.
— El que está enredado en pecados como la pornografía y lucha por librarse de ellos.
— El que tiene deseos de vida grande, pero suspira tumbado en la cama porque no tiene ni idea de por dónde empezar y tampoco se siente con fuerzas para ponerse realmente a ello.
— El que se siente normal, sin talentos especiales, y que tampoco se siente llamado a tener una vida sensacional.
— El que lo tiene difícil en su vida cristiana, porque no hay apenas gente a su alrededor que sea creyente, salvo el grupo de ancianos piadosos de la iglesia del pueblo y el loco que grita por la calle que se acerca el fin de los tiempos.
— El que quiere seguir disfrutando de las cosas bonitas y agradables de este mundo como puede ser una fiesta, tomarse una cerveza con los amigos, unas buenas vacaciones o una tarde en el cine.

Si te sientes identificado con alguno de los perfiles anteriores, te pido que sigas leyendo con el corazón abierto, porque eres un candidato idóneo para ser santo y quiero compartir contigo cómo lograrlo. No tengo fórmulas mágicas ni sabiduría especial. La mayoría de las ideas proceden del Evangelio y de la tradición católica. También me inspiro en la literatura clásica y en la ciencia moderna. A parte, he tenido el privilegio de ver encarnado este ideal de santidad en personas de mi entorno: algunos aún están vivos y, por tanto, siguen en camino, otros han fallecido y han alcanzado el cielo tras una vida maravillosa aquí en la tierra. Cada uno de ellos fue normal, muy humano, con defectos y limitaciones. Cada uno de ellos ha sufrido golpes y algunos han tenido que cargar cruces bastante grandes. Cada uno de ellos disfrutó de esta vida en la tierra.

Pido al Espíritu Santo que te bendiga durante la lectura de este libro. Le pido que encienda un fuego en tu corazón. Le pido que imprima en tu alma la verdad más importante de tu vida: tú, siendo muy normal, estás llamado a la santidad y eso es lo mejor que te puede pasar.

1. IDEAS EQUIVOCADAS SOBRE LA SANTIDAD

«Jesús mío, ¿y Tú qué responderás
a todas mis locuras?
¿Existe acaso un alma pequeña
y más impotente que la mía?».

— Santa Teresa del Niño Jesús[1]

Cuando era adolescente, descubrí un anhelo fuerte de vivir realmente cerca de Jesús. No tenía una vida extraordinaria ni ningún don especial y creo que era un chico bastante normal. Me gustaba salir con mis amigos, hacía imbecilidades en el colegio e intentaba impresionar a las chicas. Pero a la vez sentía crecer en mi interior el deseo de vivir seriamente mi fe. Si me preguntas cómo es posible que un chaval en la edad del pavo quiere realmente seguir a Jesús, te diría que se debió en gran parte a mi entorno social: mis padres inculcaron ese deseo en mi corazón a través de su ejemplo y su testimonio. Y, además, conocía a cristianos que vivían con un ideal de santidad que me inspiraba.

La Iglesia, en consonancia con el mensaje del Evangelio, dice que todos los creyentes de cualquier estado y condición, y cada uno siguiendo su propio camino, están llamados a ser santos, siguiendo el

---

[1] S. Teresa de Lisieux. *Historia de un alma* (es.catholic.net), carta a sor María del Sagrado Corazón, 8.9.1896.

ejemplo de Jesús[2]. Mi imagen de la santidad era que, si me ponía a ello, con los años rezaría cada vez mejor, pecaría cada vez menos y me volvería más virtuoso y perfecto, hasta que un día moriría y entraría en el Reino de Dios en ese estado de perfección. Cuando me decidí a seguir este ideal de santidad, suponía también que cometería errores, pero que nunca sería tan tonto de alejarme del camino que lleva al Cielo.

Con los años llegaron los golpes. Llegaron pequeñas caídas y algunas más grandes. Y con ello llegaron también serias dudas sobre mí mismo y sobre mi ideal de santidad. Sentía indignación y a veces frustración: «¿Cómo es posible que no esté ya más avanzado en mi camino hacia la perfección cristiana? ¡Lo tengo tan claro y dispongo de tantos recursos y aun así me la pego y me estanco en el camino!». Notaba cómo gradualmente ponía el listón más bajo: «Sigo queriendo seguir a Jesús, pero no creo que consiga hacerlo de forma incondicional y perfecta. Quizá no estoy hecho para ese ideal de santidad para la que otros sí que están hechos». Notaba que estás ideas me tiraba para abajo y me hacían sentir cada vez más un *loser*.

Un día llegó a mis manos un artículo del cardenal Ratzinger, el que después sería el papa Benedicto XVI. Había escrito ese artículo con ocasión de la canonización de san Josemaría Escrivá, en octubre de 2002. El artículo se titula *Dejar obrar a Dios*. En ese artículo escribía lo siguiente:

Conociendo un poco la historia de los santos, sabiendo que en los procesos de canonización se busca la virtud

---

[2] Concilio Vaticano II, *Lumen Gentium* (1964), n. 11.

20

"heroica" podemos tener, casi inevitablemente, un concepto equivocado de la santidad porque tendemos a pensar: "esto no es para mí"; "yo no me siento capaz de practicar virtudes heroicas"; "es un ideal demasiado alto para mí". En ese caso la santidad estaría reservada para algunos "grandes" de quienes vemos sus imágenes en los altares y que son muy diferentes a nosotros, normales pecadores. Esa sería una idea totalmente equivocada de la santidad[3].

¿Has tenido alguna vez la sensación de leer algo y pensar: «Esto se ha escrito para mí, es exactamente lo que me pasa»? Yo tuve eso cuando leí estas palabras. Tenía la idea de que tenía que vivir a la perfección todas las virtudes para llegar a ser santo. Más adelante en este libro me detendré en el significado de las virtudes en la vida de un cristiano, pero es bueno aclarar el concepto de antemano. El Catecismo de la Iglesia Católica define la virtud como una actitud ante la vida, una disposición fija de la persona para hacer el bien[4]. A través de la inteligencia y la fuerza de voluntad, podemos actuar de manera que ciertas buenas cualidades se integren cada vez más en nuestro carácter. Piensa por ejemplo en la prudencia, la templanza, la sinceridad, la humildad, la castidad, la amabilidad, etc.

Cuando la Iglesia estudia si alguien puede ser canonizado, investiga lo que se llama "la virtud heroica", como leemos en la cita de Ratzinger. Al leer esto, es fácil llegar a la conclusión de que eres santo si,

---

[3] Cardenal Joseph Ratzinger, *Dejar obrar a Dios*, (L'Osservatore Romano, 6.10.2002).

[4] Catecismo de la Iglesia Católica, n. 1803.

21

gracias a tu inteligencia y a tu fuerza de voluntad, has actuado tan bien en la vida que dominas a la perfección todas las virtudes. Eso es lo que pensaba yo y eso me llevó gradualmente a pensar que yo no podía alcanzar ese ideal de santidad. Fue cuando leí estas palabras de Ratzinger que me di cuenta por primera vez de mi percepción equivocada de la santidad.

Ratzinger escribe a continuación:

Virtud heroica no quiere decir que el santo sea una especie de 'gimnasta' de la santidad, que realiza unos ejercicios inasequibles para las personas normales. Quiere decir, por el contrario, que en la vida de un hombre se revela la presencia de Dios, y queda más patente todo lo que el hombre no es capaz de hacer por sí mismo. Quizá, en el fondo, se trate de una cuestión terminológica, porque el adjetivo 'heroico' ha sido con frecuencia mal interpretado. Virtud heroica no significa exactamente que uno hace cosas grandes por sí mismo, sino que en su vida aparecen realidades que no ha hecho él, porque él sólo ha estado disponible para dejar que Dios actuara[5].

Estas palabras tuvieron un gran impacto en mi vida y cambiaron mi percepción de la santidad. Mi imagen de la santidad era que YO tenía que trabajar duro, que YO tenía que llegar a ser perfecto, que YO tenía que mostrar quién es Dios en este mundo. Pero me di cuenta de que es al revés. La santidad significa que DIOS quiere trabajar en mí, que DIOS quiere hacerme perfecto, que DIOS quiere mostrarme al mundo como una obra de arte de su amor. Así que aparentemente,

---

[5] Cardenal Joseph Ratzinger, *Dejar obrar a Dios*.

como escribe Ratzinger, no tengo que ser una persona perfecta que a través de una especie de gimnasia espiritual es capaz de hacer ejercicios inasequibles para la gente normal.

El texto continúa:

> Ser santo no comporta ser superior a los demás; por el contrario, el santo puede ser muy débil, y contar con numerosos errores en su vida. La santidad es el contacto profundo con Dios: es hacerse amigo de Dios, dejar obrar al Otro, el Único que puede hacer realmente que este mundo sea bueno y feliz[6].

No sé qué imagen tienes tú de la santidad, pero lo que explica Ratzinger me da esperanza y coraje. Él dice que la iniciativa es de Dios; que, con todos mis pecados y defectos, puedo tener una relación de amor con Él tan fuerte que ocurran cosas en mi vida que nunca podría hacer por mí mismo.

No tengo que ser perfecto. Incluso puedo sentirme débil e incapaz. La búsqueda de la santidad es para las personas que sienten que no pueden resistirse a comerse todo lo que hay en la nevera; para aquellos que durante el día pueden pasarse más tiempo viendo tonterías en internet que estudiando; para los que durante la Misa se distraen tanto con el peinado de la persona en frente que no recuerdan ni una palabra de la homilía. O sea, es para personas realmente normales.

En efecto, mi debilidad y mi pecaminosidad no sólo no son un obstáculo, sino que incluso pueden ser un

1. IDEAS EQUIVOCADAS SOBRE LA SANTIDAD

---

[6] Ibidem.

poderoso medio para la perfección cristiana. Esto es también lo que descubrió una joven francesa hace un siglo. Se llamaba Marie-Françoise Thérèse Martin, pero es más conocida por su nombre monástico Teresa del Niño Jesús o como Teresa de Lisieux. Quiero contarte un poco de su vida.

Teresa nació en Alençon (Francia) en 1873. Era la menor de cinco hermanas. También tenía dos hermanos, pero fallecieron antes de que ella naciera. De pequeña era muy feliz y quería mucho a sus padres. Sin embargo, cuando sólo tenía cinco años, su madre murió. Esto le causó una gran tristeza. La vida continuó y su padre, con la ayuda de sus hermanos, la educó con mucho amor.

Cuando tenía 15 años, experimentó claramente que Dios la llamaba a ser monja carmelita. Sin embargo, todavía no era posible porque era menor de edad. Peregrinó a Roma y, en una audiencia con el papa León XIII, le pidió ser una excepción a la regla: «Entrarás si es la voluntad de Dios», fue la respuesta del papa. Así sucedió poco después, y fue en el convento carmelita de Lisieux, el mismo en el que ya habían ingresado algunas de sus hermanas.

Después de algunos años en el convento, se convirtió en la responsable de la formación de las novicias. Desempeñó esta tarea con gran amor y con gran sentido del deber. También mantuvo correspondencia con algunos misioneros, con los que estableció una profunda relación espiritual. Por orden de la madre superiora de su convento, que en aquel momento casualmente era su hermana mayor Pauline, llevaba un diario espiritual. En 1896, cuando sólo tenía 23 años, le diagnosticaron tuberculosis. Murió un año después, tras un intenso calvario.

Teresa no tenía grandes talentos. Pasó su infancia en una pequeña ciudad en el centro de Francia y ya de monja vivió en un convento a cien kilómetros de distancia. Hablamos de una monja que no llegó a los 25 años y que, humanamente hablando, no hizo nada especial. Sin embargo, fue canonizada unas décadas más tarde y el papa Pío X la consideró como la mayor santa de los tiempos modernos[7]. También fue nombrada patrona de las misiones, de Francia y de Rusia, y Juan Pablo II la proclamó doctora de la Iglesia. Su diario se publicó tras su muerte e inmediatamente se convirtió en un gran clásico espiritual: se ha traducido a más de cuarenta idiomas y ha inspirado a millones de personas de todas las culturas y razas. ¿A qué se debe? ¿Cuál es el secreto de esta joven?

Teresa tenía un gran deseo de ser santa, pero también un sentido muy claro de su imperfección, sobre todo cuando se comparaba con los santos. Llegó a escribir en su diario que entre los santos y ella existía la misma diferencia que entre una montaña cuya cumbre se pierde en el cielo y el oscuro grano que los caminantes pisan al andar[8]. Pero no se desanimó. Al contrario. Esta perspectiva la condujo a una convicción que guiaría toda su vida. Quiero compartir lo que Teresa escribió en su diario, ya que refleja claramente que si te sientes vulnerable y con defectos puedes llegar a ser santo:

---

[7] P. Eduardo Sanz de Miguel, *Vida póstuma de Santa Teresita del Niño Jesús* (www.portalcarmelitano.org).

[8] S. Teresa de Lisieux, *Historia de un alma*, cap. 10.

25

Pero en vez de desanimarme, me he dicho a mí misma: Dios no puede inspirar deseos irrealizables; por lo tanto, a pesar de mi pequeñez, puedo aspirar a la santidad. Agrandarme es imposible; tendré que soportarme tal cual soy, con todas mis imperfecciones. Pero quiero buscar la forma de ir al cielo por un caminito muy recto y muy corto, por un caminito totalmente nuevo.

Estamos en un siglo de inventos. Ahora no hay que tomarse ya el trabajo de subir los peldaños de una escalera: en las casas de los ricos, un ascensor la suple ventajosamente. Yo quisiera también encontrar un ascensor para elevarme hasta Jesús, pues soy demasiado pequeña para subir la dura escalera de la perfección[9].

Teresa razona de la siguiente manera: En el Evangelio, Jesús nos exhorta a la santidad. No sólo a los que tienen muchos talentos o a los que han recibido una gracia especial, sino a todos, incluida yo misma. No puede ser que Jesús me exija algo que yo no pueda alcanzar. Tiene que ser factible. Así que voy a explorar cómo alguien tan limitado como yo puede alcanzar esa santidad de la manera más accesible. No puedo subir escaleras complicadas y fatigosas, pero me gustaría ir por un ascensor que me lleve directamente a Cristo.

Más adelante en su diario, Teresa cuenta cómo es ese ascensor que lleva directamente a Dios. Se trata de hacerse muy pequeño, humilde y sencillo por dentro y dejarse llevar como un niño chiquitillo por Dios, que es verdaderamente tu Padre. Hablaré de esto con más detalle más adelante en este libro. Por ahora, quiero decirte que Teresa es un ejemplo maravilloso de alguien que no se resigna cuando es confrontado con

_____
[9] Ibidem.

26

sus defectos y sus limitaciones. Nos da un testimonio de un camino hacia la santidad que es accesible a la mayoría de nosotros.

Y no es la única. En los capítulos siguientes, te contaré las historias de otros santos modernos, como Carlo, Chiara, Pedro, Guadalupe, Willy y Clare, para mostrarte que no tienes que ser un héroe supertalentoso y que tus defectos y tus pecados no tienen por qué ser un obstáculo para ser santo. Incluso si realmente te sientes un *loser* incapaz de hacer algo bueno puedes crecer en una auténtica santidad.

Teresa fue llamada a la vida monástica, pero muchos de nosotros no estamos llamados a esa vida, por muy hermoso que sea ese camino. La mayoría de nosotros estamos llamados a vivir en medio del mundo como ciudadanos normales. Por eso daré ejemplos de cómo santificar tu vida en medio del ajetreo de la calle, de las reuniones en la oficina y de las copas en el bar.

San Pablo nos cuenta lo que es la esencia de la santidad: «Vivo, pero ya no vivo yo, sino que Cristo vive en mí»[10]. Se trata de dejar que Dios trabaje toda nuestra persona para que haga de nuestra vida una obra de arte que brille para siempre. Ni tú ni yo podemos hacerlo. Él puede y lo hará si estamos abiertos a ello. Y lo extraordinario es que Él no sólo utiliza todo lo bueno que hay en ti, sino también tu lado más oscuro: tus caídas, tus heridas y tu tendencia al pecado. Puede sonar extraño, pero un pecador débil que se la ha pegado con frecuencia tiene ciertas

---

[10] Carta a los Gálatas, 2, 20.

ventajas sobre alguien que va por la vida con fortaleza y sin defectos. Ya hablaremos de ello.

Esta acción de Dios en ti y en mí no es un hecho pasivo. Dios quiere hacer esto junto con cada uno de nosotros personalmente. Él necesita varias cosas para realizar esa obra de arte: un corazón humilde y contrito, una entrega llena de confianza y, ciertamente, la voluntad de querer luchar. Hablaré de ello en los capítulos siguientes. Pero no te preocupes: Dios nunca te pedirá que luches una batalla superior a tus fuerzas. Y vas a descubrir que tus esfuerzos dan fruto.

Luchar por la santidad no es una pesada carga impuesta a algunas almas heroicas y dramáticas, mientras el resto de la humanidad va por la vida alegre y dando brincos. Las personas que luchan por ser santos experimentan su vida como una aventura gozosa que no cambiarían por nada del mundo y saben disfrutar más que nadie de las cosas bellas de este mundo.

2. TU IDENTIDAD MÁS PROFUNDA

«Echar raíces quizá sea la necesidad más importante e ignorada del alma humana».

— Simone Weil[1]

La santidad trata de seguir a Jesús y dejar que viva en ti. Pero ¿cómo seguirle? ¿Por dónde se comienza? Antes de ponernos en marcha, tenemos que saber primero dónde estamos. Antes de querer cambiar nuestras vidas, necesitamos saber quiénes somos. En este capítulo, quiero mostrarte cuál es tu identidad fundamental.

San Mateo nos habla en su evangelio de un sermón especial que Jesús dio a una gran multitud, llamado el Sermón de la Montaña. En este sermón, Cristo esboza las características que deben cumplir sus seguidores. El Sermón de la Montaña comienza con una lista de misteriosas alabanzas de Jesús, conocidas como las bienaventuranzas. El papa Francisco las llama el carné de identidad de un cristiano: «Porque dibujan el rostro de Jesús, su forma de vida»[2]. Las bienaventuranzas muestran las características de Jesús, que Él también desea para nosotros.

---

[1] Simone Weil, *Echar raíces* (Madrid, 1996), segunda parte: "El desarraigo".

[2] Papa Francisco, *Catequesis sobre las bienaventuranzas. Introducción* (29.1.2020).

La respuesta a la pregunta dónde empezar para seguir a Cristo en el camino de la santidad está contenida en la primera bienaventuranza: «Bienaventurados los pobres de espíritu, porque suyo es el Reino de los Cielos». Todo el mundo sabe lo que es la pobreza material. Significa tener pocas o ninguna cosa esencial para llevar una vida digna, como dinero, comida, ropa o una casa. Pero Jesús no habla aquí de pobreza material, sino de pobreza espiritual. ¿Qué significa eso?

Dios nos creó por amor. Como relata el libro del Génesis, nos hizo a su imagen y semejanza[3]. Por medio de su hijo Jesucristo, nos ha hecho hijos suyos. Si Dios no existiera, nosotros no existiríamos. Si Dios no tuviera un plan para nosotros, nuestras vidas no tendrían perspectiva. Si Dios no nos concediera su amor incondicional, no podríamos responder a ese amor de ninguna manera.

La pobreza de espíritu representa la humildad. La humildad es la virtud por la que descubrimos que nuestra vida y nuestra felicidad son un don de un Padre que nos ama infinitamente. Humildad significa reconocer que uno, por sí mismo, no vale nada, pero que, a través de Dios, vale cielo y tierra. Significa también que por nuestras propias fuerzas no somos capaces de nada santo, pero que por la gracia de Jesús somos capaces de cosas buenas y amorosas. La pobreza de espíritu lleva al conocimiento de nuestra verdadera identidad: tú y yo nos hemos convertido en hijos de un Padre que nos ama incondicionalmente.

---

[3] Genesis: 1, 26-27.

La humildad es decisiva para recorrer el camino que lleva a Cristo. San Agustín llegó a escribir lo siguiente al respecto:

> Si me preguntáis qué es lo más esencial en la religión y en la disciplina de Jesucristo, os responderé: lo primero la humildad, lo segundo la humildad y lo tercero la humildad[4].

La humildad es una virtud que nos ilumina con verdadera sabiduría. La humildad hace que nuestros corazones sean receptivos al descubrimiento de nuestra verdadera identidad. Por eso, santa Catalina de Siena afirmaba que la raíz del árbol del verdadero amor es la humildad, que es el verdadero conocimiento de uno mismo y de Dios[5]. Y santa Teresa de Ávila escribió que la humildad es caminar en la verdad[6]. Se podría decir que la humildad es como un espejo en el que, con la luz de Dios, nos vemos tal como somos: con nuestros talentos y defectos, con nuestra fealdad y con nuestra belleza. Cuanto más humildes somos, más claramente podemos mirarnos en ese espejo.

Lo contrario a la humildad es el orgullo, también llamado soberbia. Un hombre humilde se abre completamente a la verdad que Dios concede. Un orgulloso se cierra completamente a esa verdad porque está lleno de sí mismo; piensa que no necesita a nadie. En la metáfora del espejo, el orgulloso no ve gran cosa cuando se mira en él, porque el espejo está cubierto por su propio ego. Como resultado, no ve sus defectos

---

[4] S. Agustín, *Carta n. 118 a Dioscoro*, cap. III, 22.

[5] S. Catarina de Siena, *El diálogo* (Lima, 2002), parte II, capítulo III.

[6] S. Teresa de Ávila, VI *Moradas* 10, 8: www.cervantesvirtual.com.

y deficiencias, ni tampoco la presencia de su Creador, que lo ama con locura.

La humildad es de esas virtudes que fácilmente son malentendidas. Esto se debe a que se asocia con la inseguridad, la debilidad y la sumisión, una especie de complejo de inferioridad: «No puedo hacer nada y no me atrevo a hacer nada porque soy un pobre miserable». Esto no es verdadera humildad. Al contrario, esas reacciones suelen atestiguar una falta de humildad, porque en cierto modo rechazan lo más importante en la vida de una persona: Dios es un Padre que ama infinitamente al hombre, y con su gracia el hombre es capaz de grandes cosas que no podría realizar por sus propias fuerzas.

El camino hacia la santidad comienza siempre con este humilde conocimiento de uno mismo: sí, eres pecador. Sí, tienes defectos. Sí, has hecho cosas malas. De hecho, probablemente caerás de bruces muchas veces más. Pero eres hijo de Dios. Él te ha dado la vida y también talentos concretos con los que puedes hacer cosas maravillosas. Te ha dado la capacidad de amar. Sobre todo, Dios es un Padre que nunca te abandonará. Su amor por ti es incondicional. Sabe que tienes defectos y que has sido herido por el pecado original, y lo tiene en cuenta. Cuando estas verdades penetran en tu corazón, descubres un fundamento y una certeza en tu vida en el que tus deseos terrenales y celestiales pueden echar raíces. Y esto se traduce en una actitud que define la vida y que está indisolublemente unida a la humildad: la gratitud.

La gratitud surge cuando te das cuenta de que tu vida es un regalo de valor infinito. La gratitud surge cuando te das cuenta de que, ya antes de la creación de la Tierra, fuiste predestinado por Dios para ser su hijo[7]. La verdadera gratitud te lleva en última instancia a amar de verdad tu vida porque Dios ama tu vida.

En la historia hay ejemplos inspiradores de personas agradecidas. Lo sorprendente es que en muchos casos esas personas no han tenido una vida fácil y cómoda y que frecuentemente han recibido muchos palos de la vida, en algún caso incluso a costa de la propia vida. Me gustaría compartir uno de estos ejemplos.

Etty Hillesum nació en 1914 en la ciudad holandesa de Middelburg, en el seno de una familia judía. Creció en un ambiente estable y recibió una buena educación. En 1932 se fue a estudiar a Ámsterdam. Tras licenciarse en Derecho, empezó a estudiar filología eslava. No pudo terminarlo debido a la ocupación nazi. Como judía, su libertad estaba cada vez más restringida y corría cada vez más peligro. De hecho, en septiembre de 1943, ella y su familia fueron deportados a Auschwitz, donde fueron asesinados poco después.

En sus últimos años, Etty escribió un diario y en el campo de Westerbork —que fue un campo de prisión desde donde deportaban a los judíos a Auschwitz— también escribió varias cartas a amigos. En ellas cuenta de su vida interior, sus luchas personales y sus descubrimientos. Estos escritos revelan que tenía un gran corazón y que con el tiempo supo recibir y dar cada vez más amor. Paradójicamente, mientras su vida en la tierra se convertía cada vez más en un calvario,

[7] Carta a los efesios: 1, 4-5

su alegría vital crecía. En una de sus cartas desde Westerbork, escribió lo siguiente:

> Tú me has hecho tan rico, Dios mío, que yo también te doy con las manos llenas. Mi vida se ha convertido en un continuo diálogo contigo, Dios mío, una gran conversación. A veces, cuando estoy en un rincón del campamento con los pies plantados en tu tierra y el rostro levantado hacia tus cielos, lágrimas de emoción y gratitud interior corren por mi rostro. Incluso por la noche, cuando me tumbo en mi lecho y descanso en Ti, Dios mío, lágrimas de gratitud corren por mi rostro y esa es entonces mi oración[8].

Etty gradualmente se dio cuenta de que su vida era un maravilloso regalo de un Dios que la amaba entrañablemente. Por eso, tampoco tuvo miedo de entregarla, de perderla. Su humildad la llevó a desprenderse de su propia vida. En medio de la pobreza material y las penurias, vio lo rica que es la vida cuando está llena del amor de Dios. Etty se sabía amada.

La gratitud no es un mero sentimiento espiritual que viene y que va, sino que es una virtud que puedes desarrollar en tu vida cotidiana. El sacerdote Henri Nouwen escribió lo siguiente:

> Antes pensaba que la gratitud era una respuesta espontánea a los dones recibidos, pero ahora me he dado cuenta de que también puede vivirse como una disciplina. La disciplina de la gratitud es el esfuerzo explícito por reconocer que todo lo que soy y tengo me ha sido dado

---

[8] *Het verstoorde leven. Dagboek van Etty Hillesum 1941-1943* (Ámsterdam, 2020), pág. 227: Carta a Tideke, 18.8.1943 [traducción del autor].

como don de amor, don que tengo que celebrar con alegría[9].

En los capítulos siguientes, verás cómo todo tipo de aspectos de la santidad están impregnados de humildad y gratitud, especialmente cuando se trata de la lucha interior contra el pecado y del arte de recomenzar. En este capítulo, quiero compartir algunas consideraciones concretas que pueden ayudarte a crecer en estas virtudes.

Para crecer en humildad y gratitud, es importante que dediquemos tiempo a la autorreflexión, al examen de conciencia. Esto es también lo que exhortaba el obispo americano Fulton Sheen: «El verdadero yo es lo que somos ante Dios y ante nosotros mismos cuando examinamos nuestra conciencia»[10]. Es muy eficaz y enriquecedor tomarse unos minutos antes de acostarse para reflexionar sobre qué ha pasado en nuestra vida interior durante el día: ¿qué ha ocupado mis pensamientos y sentimientos? ¿Me he quejado hoy? ¿Me he comparado con los demás? ¿He permitido que sentimientos de desprecio hacia los demás o que pensamientos negativos sobre mí mismo dañen mi verdadera identidad? ¿Cuántas veces he experimentado hoy que soy un hijo amado de Dios? ¿Qué cosas puedo agradecer hoy al Señor?

Con respecto a esta última pregunta, te animo a que vuelvas frecuentemente tu corazón a Dios a lo largo del

---

[9] Henri Nouwen, *El regreso del hijo pródigo* (Madrid, 1992), cap. 6.

[10] Fulton J. Sheen, *Way to Inner Peace* (Nueva York, 1955), pág. 176 [traducción del autor].

día y le muestres tu gratitud. Inmediatamente notarás que experimentas más el amor de Dios. Esto es también lo que Teresa de Lisieux sugería a su hermana Céline:

> Lo que más atrae las gracias de Dios es la gratitud, pues si le agradecemos un bien, se conmueve y se apresura a concedernos diez más, y si se las agradecemos con la misma efusión ¡qué incalculable multiplicación de gracias! Yo tengo la experiencia, inténtalo y lo verás. Mi gratitud por todo lo que me da no tiene límites, y se lo demuestro de mil maneras[11].

Sé agradecido no sólo a Dios, sino también a todas las personas que te rodean. Aprende a dar las gracias por las cosas grandes y pequeñas y también por los cumplidos que recibes. Con la gracia de Dios, eres capaz de hacer cosas buenas y es bonito que la gente a tu alrededor se dé cuenta de ello. Lo que estás diciendo implícitamente cuando agradeces un cumplido es: «Acepto el regalo que me has hecho y te lo agradezco». Reconocer que has hecho algo bueno no es necesariamente un signo de orgullo. Al contrario, puede ser incluso muy humilde reconocer que estás haciendo cosas buenas y que eso te hace feliz. Puedes dar ese cumplido a Dios mediante una breve oración: «Señor, he recibido este cumplido porque he hecho algo bueno y ahora quiero dártelo a Ti porque quiero compartirlo todo contigo. Quiero que todo lo mío sea Tuyo».

A veces puede parecer artificial o forzado estar constantemente agradecido, pero lo cierto es que

---

[11] Carta de S. Teresa de Lisieux a su hermana Céline. Citado en: Jacques Philippe, *En la escuela del Espíritu Santo* (Madrid, 2017), segunda parte, cap. 1.

nuestra vida está mucho más llena de cosas que se nos han dado que de cosas que hemos merecido. De esto también se dio cuenta el pastor y teólogo alemán Dietrich Bonhoeffer, que fue ejecutado por los nazis justo antes del final de la Segunda Guerra Mundial, después de que descubrieran que estaba ayudando a judíos a escapar a Suiza. En la cárcel escribió lo siguiente:

> Produce una sensación extraña depender tanto de los demás, pero me enseña a ser agradecido y espero no olvidarlo. En la vida cotidiana, a menudo no nos damos cuenta de que recibimos mucho más de lo que damos y que la vida sólo adquiere valor siendo agradecidos. Es fácil sobreestimar nuestros propios éxitos en comparación con lo que debemos a los demás[12].

No he experimentado tanto sufrimiento como Bonhoeffer, pero reconozco lo que dice. En mi vida cotidiana —sobre todo cuando todo va bien— a menudo no me doy cuenta de lo mucho que debo a los demás. A veces vivo como si lo tuviera todo bajo control y no necesitara a nadie. Eso cambia cuando atravieso un periodo difícil; entonces me doy cuenta de lo importantes que son las personas que me rodean. Esta toma de conciencia me ha enseñado a estar alerta en los momentos tranquilos. Especialmente cuando todo va bien y estable, es importante para mí expresar gratitud sincera a los demás.

En lo que se refiere a tu relación con los demás, también te animo a ser vigilante a la hora de compararte con los demás. Alguna vez la comparación

---

[12] Dietrich Bonhoeffer, *Letters and Papers from Prison*, (Nueva York, 1997): fragmento de una carta a sus padres, 13.9.1943 [traducción del autor].

proviene de un deseo genuino y sincero que te ayuda a mirarte con más honestidad. Por ejemplo, cuando el buen ejemplo de otra persona te lleva a un verdadero examen de conciencia sobre tu propio comportamiento. Sin embargo, muchas veces la comparación surge del deseo de sentirse mejor que los demás, lo que lleva a una falsa imagen de uno mismo y de los demás.

Cuando te encuentres con una persona humilde, comprobarás que en ese momento se preocupa poco de sí misma, pero sobre todo de ti. Te escucha con atención porque está realmente interesado en ti. La pobreza de espíritu es, de hecho, la pobreza del ego. El humilde está vacío de sí mismo, lo que le permite llenarse de ti y, sobre todo, de Dios.

Por último, te animo a que busques a tu alrededor personas con las que regularmente puedas mantener conversaciones profundas y vulnerables. Atrévete a abrir tu corazón y a mostrarlo tal y como es, con toda la belleza presente, pero también con todas las cosas oscuras y pecaminosas. Y es que llegamos a conocernos mucho mejor cuando abrimos nuestro corazón a la luz del prójimo.

El camino hacia la santidad comienza con la humilde consciencia del amor infinito que Dios nos tiene; la consciencia de que con nuestras propias fuerzas no podemos hacer nada santo, pero que Dios puede realizar grandes cosas a través de ti y de mí. Esta es nuestra identidad. Este debe ser el fundamento de nuestra existencia.

3. LO QUE DIOS DESEA FERVIENTEMENTE

«Si tú no puedes caminar, Yo te llevaré sobre mis hombros, pero no me dejes».

— Palabras de Jesús a la Hermana Clare Crockett[1]

El capítulo anterior trataba de la humildad, que es el verdadero conocimiento de nosotros mismos a la luz del amor de Dios. Es una virtud preciosa, porque a través de la humildad descubrimos todo tipo de cosas buenas sobre nosotros mismos. Sobre todo, descubrimos cuánto nos ama Dios. Pero la humildad también nos confronta con algo que está realmente presente en nuestras vidas: el pecado.

¿Has vivido alguna vez con una mentira que ocultas deliberadamente a todo el mundo? Yo sí y puedo decirte que no es nada agradable. Un día ocurre algo. Por ejemplo, cometes un error estúpido que realmente te asusta, pero que no te atreves a corregir. Tampoco te atreves a contárselo a los demás porque te da vergüenza o porque crees que puede tener consecuencias graves. Piensas: «Ya se arreglará», pero pasa el tiempo y cada vez estás más inquieto.

Cuando pasé por una experiencia de ese estilo, me sumergí en el activismo: me dedicaba a hacer mil y

---

[1] Kristen Gardner, *Sola con el Solo. Hermana Clare Crockett* (Zurita, 2020), epílogo.

una cosas y siempre estaba ocupado. En el fondo, se trataba de una huida de lo que estaba ocurriendo en mi interior. Finalmente, durante un verano tranquilo en el que ya no podía 'huir' en el activismo, mi alma fue confrontado con la mentira que estaba ocultando. Era algo inevitable. Afortunadamente, con la gracia de Dios y con la ayuda de un director espiritual, conseguí mirar con humildad y sinceridad dentro de mi corazón. Vi pecados concretos y también cobardía. Lo reconocí todo y me enfrenté a ello.

También me viene a la cabeza el impresionante libro *El retrato de Dorian Gray*, del escritor británico Oscar Wilde. La historia trata de un joven al que un amigo artista le hace un retrato precioso. El retratado, Dorian Gray, está dispuesto a vender su alma para cumplir un deseo: seguir siendo joven y guapo y que el retrato envejezca en su lugar. De esa manera, podrá disfrutar de la vida sin preocupaciones. Con el tiempo, Dorian descubre que su deseo se ha cumplido. Él sigue siendo joven y guapo y su retrato envejece, pero también se vuelve cada vez más horrible. Y es que el retrato también se ve afectado por los pecados de Dorian Gray, que cada vez son más. Finalmente, Dorian decide guardar el retrato en el desván para no volver a mirarlo. Su falta de voluntad para enfrentarse a la realidad de su vida le llevará a un trágico final.

Dorian Gray no quería enfrentarse al lado oscuro de su alma. Escondió sus pecados en un oculto desván de su corazón. Sólo quería disfrutar de una vida despreocupada y placentera. Yo también experimenté el miedo a esa confrontación y, al principio, intenté escapar de ella, pero finalmente pude dejar que la luz de Dios brillara en mi corazón y curara las heridas de mis errores.

La historia de Dorian Gray y mi experiencia personal reflejan algo que todos los seres humanos tenemos en común. Estamos heridos por el pecado original de nuestros primeros padres. Tentados por el demonio, Adán y Eva comieron del fruto que Dios les había prohibido. Cuando se dieron cuenta de su desobediencia a Dios y del engaño del diablo, intentaron huir de Dios: no querían aparecer ante la presencia del Creador, porque estaban avergonzados por el pecado cometido[2].

En el libro de Génesis leemos que Dios contempló su creación y vio que era buena. La vida es bella y estamos llamados al amor y a la felicidad. Pero también hay pecado: en el mundo y en uno mismo. El hombre no es pura bondad. No es verdad que el mal esté presente sólo en ciertas estructuras de poder, en algunas instituciones o sólo en criminales como Adolf Hitler y Joseph Stalin. Está presente en el corazón de cada ser humano. Cada uno de nosotros está herido por el pecado, que hace que el mal esté presente en nuestra naturaleza. El pecado de Adán y Eva se llama pecado original porque hemos heredado ese pecado de nuestros primeros padres. Está presente en nosotros.

Hay algo malo en nosotros y siempre podemos sucumbir a ello. La pregunta es: ¿cómo lidiar con ello? ¿Qué actitud hay que adoptar ante esa pecaminosidad si queremos ser santos? En el capítulo anterior, me referí a las bienaventuranzas y me detuve en la primera bienaventuranza: «Bienaventurados los pobres de espíritu, porque de ellos es el reino de los cielos». Ahora quiero detenerme en la segunda

---

[2] El libro de Génesis, 3.

bienaventuranza: «Bienaventurados los que lloran, porque serán consolados»[3].

Igual suena un poco raro que Cristo alabe a los que lloran. Después de todo, ¿no es el cristianismo la religión de la salvación, de la alegría y de la misericordia? Ciertamente lo es, pero estos son frutos que provienen de un proceso de arrepentimiento y desagravio. La pena no tiene por qué ser mala. Puede ser muy buena e incluso necesaria si proviene del amor. Santa Teresa de Ávila lo llamaba "dolor de amor". Es el dolor que surge cuando nos damos cuenta de que una persona querida sufre por nuestra culpa. El ejemplo por excelencia de esta actitud es cuando sentimos verdadera pena y dolor por el sufrimiento de Jesús a causa de nuestros pecados.

En las bienaventuranzas, los que sufren son los compungidos, los arrepentidos. Son los que se miran a sí mismos con sinceridad y reconocen cuánto daño han hecho a Dios, al prójimo y a sí mismos a causa del pecado. Pero no se quedan estancados en la tristeza. Por la pobreza de espíritu, se saben amados incondicionalmente por Dios Padre. Acuden a Dios con estas lágrimas de amor y son consolados porque Dios anhela fervientemente perdonar, abrazar y acoger a sus hijos en la casa de su Amor.

Hay una historia que Jesús cuenta en el Evangelio que narra este hecho de manera conmovedora: la parábola del hijo pródigo. Un padre tenía dos hijos y el menor pidió a su padre la herencia y se marchó a tierras lejanas, malgastando sus posesiones en placeres

---

[3] Evangelio según S. Mateo, 5, 4.

egoístas. Cuando se le acabaron las riquezas y estalló una hambruna en el país donde se encontraba, terminó sirviendo a un hombre de esa región, cuidando de sus cerdos. Sufría de hambre, pero sufría mucho más por su culpabilidad. Al reclamar su herencia, en cierto sentido le dijo a su padre que ya no significaba nada para él. Abandonó la casa paterna porque se sentía insatisfecho y quería hacerse feliz a sí mismo. Una vez metido en la pocilga, se dio cuenta de su error y del estado lamentable en el que se encontraba. También se dio cuenta de algo muy importante: en casa de su padre, estaba rodeado de felicidad, pero su insatisfacción y su orgullo le habían cegado. La felicidad es ante todo un don de Dios. Esta percepción le abrió los ojos y decidió volver humildemente con su padre.

La parábola da un nuevo giro cuando el hijo decide volver, y con él su corazón. El joven hijo regresa arrepentido a su padre, que ya le estaba esperando. El padre le perdonó todo y organizó una gran fiesta en agradecimiento por el regreso de su hijo pródigo. Cuando el hijo mayor se enteró, reaccionó indignado. ¿Cómo es posible que su padre organice una fiesta para su hermano egoísta y nunca le haya dejado dar una fiesta a él, que siempre había sido leal y se había portado bien? El padre se lo explica a su hijo mayor: «Hijo, tú siempre estás conmigo, y todo lo mío es tuyo; pero había que celebrarlo y alegrarse, porque ese hermano tuyo estaba muerto y ha vuelto a la vida, estaba perdido y ha sido encontrado»[4].

---

[4] Evangelio según S. Lucas, 15, 31.

Hablaremos del hermano mayor más adelante. Por ahora, centrémonos en el hijo menor. Cada vez que tú y yo pecamos, actuamos en mayor o menor medida como este hijo, dependiendo de lo grande que sea el pecado cometido. Cuando pecamos, le decimos a Dios: «Rechazo tu Amor. Ya no quiero estar contigo. Quiero decidir por mí mismo lo que llena mi corazón».

El pecado acaba dejando amargura e inquietud, a veces inmediatamente, otras veces después de un tiempo. Puede producir satisfacción a corto plazo y aparentemente llenar el corazón, pero al final lo único que queda es el vacío. Esto es también lo que experimentó el hijo pródigo. Vio el engaño del pecado. Pero esa percepción no es suficiente. También hay que actuar en consecuencia.

Cuando te das cuenta de que has hecho daño a alguien —a Dios, a tu prójimo o a ti mismo— puedes reaccionar de distintas maneras. Puedes indignarte y enfadarte contigo mismo («¿cómo es posible que haya hecho esto?»), lo que puede provocar un falso sentimiento de vergüenza y orgullo. También puedes endurecer tu corazón para dejar de sentir el dolor, llenándolo de indiferencia. Pero con pobreza de espíritu, también puedes derramar lágrimas de arrepentimiento y decidirte a pedir perdón, como hizo el hijo pródigo. Por ejemplo, imagina que al principio del día te propones estudiar mucho, pero acabas dejándote vencer por la pereza y terminas haciendo muy poco. Es lógico que esto produzca frustración. Puedes dejar que esa actitud siga su curso y enfadarte contigo mismo o puedes buscar la distracción para no pensar en ello. Pero también puedes tomarte un momento para hacer examen de conciencia («¿cómo es que me he dejado llevar por la pereza?») y acto seguido pedir humildemente perdón al Señor con la intención de mejorar, dándote cuenta de que Dios te perdona y te anima a seguir adelante. Esta es la actitud de un verdadero seguidor de Jesús que se esfuerza por ser santo.

Cada uno de nosotros comete pecados: unos más, otros menos. Unos a sabiendas, otros por ignorancia. Cada uno de nosotros sufre tentaciones que provienen del demonio y de las malas tendencias presentes en nuestro corazón. Los santos no fueron una excepción. Ellos también eran pecadores y no siempre hacían lo correcto. El secreto de los santos tiene todo que ver con el arrepentimiento: eran muy conscientes de su pecaminosidad y anhelaban en lo más profundo de su corazón el perdón de Dios. Con cada pecado que cometían —y algunos santos pecaron gravemente— se arrepintieron y abrieron su corazón al abrazo misericordioso de Dios. Poco a poco, a través de esos abrazos divinos, descubrieron cómo de grande es el amor que Dios les tiene y cuánta paz y alegría da el vivir en su gracia. Precisamente a través de la conciencia de su pecaminosidad y del vacío que esta crea, experimentaron la abundancia de la gracia de Cristo. La tendencia a pecar seguía ahí, pero sacaban cada vez más fuerzas del amor de Dios para seguir luchando.

Puede ser que en este momento sufras por un pecado concreto. Pienso, por ejemplo, en la pornografía, que es una epidemia que está atormentando a muchas personas —también hombres y mujeres que se esfuerzan sinceramente por ser santos—. También pienso en pecados como el resentimiento, el desenfreno, la pereza, la vanidad y el orgullo. Sea lo que sea, ¡no te desanimes! Los santos saben cómo te sientes. San Josemaría Escrivá te da un consejo muy valioso: «Si te alejas de Él por cualquier motivo, reacciona con la humildad de comenzar y recomenzar; de hacer de hijo pródigo todas las jornadas, incluso repetidamente en las veinticuatro horas del día»[5]. O sea, tómate un momento, reconoce que has pecado y acude al Padre pidiéndole perdón.

Las lágrimas de la segunda bienaventuranza no sólo se aplican a ti y a mí, sino también a Jesús. Él llora cada vez que tú y yo pecamos, porque esto nos aleja de Él. Como el padre de la parábola, Cristo espera ya en la distancia tu conversión. Creo que este es el deseo más ferviente presente en el Corazón de Cristo, que nos muestra la misericordia de Dios Padre. Cuando pecamos, Jesús anhela fervientemente nuestro regreso. San Agustín lo expresó bellamente: «Dios tiene sed de que el hombre tenga sed de Él»[6]. Y también queda bien reflejado en una visión que tuvo santa Faustina Kowalska de Jesús:

> El Señor me ha dicho: La pérdida de cada alma me sumerge en una tristeza mortal. Tú siempre me consuelas cuando rezas por los pecadores. Tu oración que más Me agrada es la oración por la conversión de los pecadores. Has de saber, hija mía, que esta oración es siempre escuchada[7].

---

[5] S. Josemaría Escrivá, *Amigos de Dios* (Madrid, 2002), n. 214.

[6] S. Agustín, *De diversis quaestionibus octoginta tribus* 64, 4. Citado en el Catecismo de la Iglesia Católica, n. 2560.

[7] S. Faustina Kowalska, *Diario: La Divina Misericordia en mi alma* (Stockbridge, 2001), n. 1397.

Este arrepentimiento del pecado puede ocurrir diariamente en nuestros corazones cada vez que nos dirigimos al Señor y le pedimos perdón por lo que hayamos hecho u omitido hacer. También tenemos una joya de sacramento en la Iglesia Católica: la Confesión. Te animo a recibir este sacramento con regularidad, cada vez que lo necesites. Si estás arrepentido, Dios siempre te perdonará, no importa cuántas veces hayas pecado. Y lo más importante, no te desanimes y no te rindas. «No os olvidéis: Jesús perdona siempre. Jesús no se cansa de perdonar. Somos nosotros los que nos cansamos de pedir perdón»[8].

Quizá has oído hablar del pecado contra el Espíritu Santo. Jesús nos dice en el Evangelio que todos los pecados pueden ser perdonados excepto uno: el pecado contra el Espíritu Santo[9]. Este pecado consiste en perder la esperanza y engañarnos pensando que Dios no puede perdonarnos. Esta es la convicción más peligrosa que puede prevalecer en el corazón de una persona y también la mentira más grande que existe. El diablo hará todo lo posible para hacerte creer que tu pecado es demasiado grande; que no mereces el perdón; que Dios se enfadará contigo y te echará. Si creemos eso, entonces Dios no puede perdonarnos, precisamente porque cerramos nuestro corazón a su misericordia.

El pecado contra el Espíritu Santo es el de la desesperación y es muy grave. Pero también quiero prevenirte contra otro peligro y es la actitud del hijo mayor de la parábola. Hay cristianos que vienen de

---

[8] Papa Francisco, Catequesis sobre la Santa Misa (21.3.2018).

[9] Evangelio según S. Mateo, 12, 31-32.

47

lejos, por ejemplo, porque no conocían a Dios o apenas le conocían, porque llevaban una vida de libertinaje o porque estaban atormentados por traumas no superados y otras heridas del pasado. Pero también hay cristianos que han sido educados en una familia cristiana y que nunca han cometido grandes pecados, ni se han descarriado de la verdad. Igual pecan de vez en cuando, pero tienen su vida más o menos en orden y se les puede encontrar en la iglesia todos los domingos.

El hijo mayor de la parábola no había deseado la muerte de su padre, ni había malgastado sus posesiones en cosas malas, pero padecía una peligrosa enfermedad del alma: la mezquindad y la mediocridad. Le parecía injusto que su hermano pequeño pudiera pecar lo que quisiera para después volver a casa «como si no hubiera pasado nada». Más le indignaba que se celebrara su vuelta con una gran fiesta.

El hermano mayor siempre había vivido en casa de su padre, pero su mezquindad le cegó ante el amor que siempre le rodeaba. Esto también puede ocurrirle a un cristiano. Puede ser que uno lleve años practicando la fe y recibiendo los sacramentos con regularidad, pero que su corazón se ha ido cegando poco a poco, impidiéndole apreciar la gracia de Dios. Puede incluso que uno sienta envidia de las personas que se dejan llevar por el pecado: «Ellos pueden hacer lo que les da la gana y yo no».

Igual eres muy consciente de tus pecados y sientes la necesidad arrepentirte y pedir perdón, pero también puede ser que vivas como el hijo mayor de la parábola, rodeado por la niebla de la mezquindad, sin experimentar realmente el dolor del pecado ni la increíble alegría de una vida con Dios. Me gustaría compartir tres sugerencias para superar esta actitud.

El primero es el examen de conciencia, que es indispensable para volverse sensible al pecado y a la gracia. Cuando hacemos el esfuerzo de examinar nuestro corazón diariamente en la presencia de Dios y pedimos luz al Espíritu Santo, encontraremos la manera de dejar la mezquindad y la mediocridad y poder experimentar la gracia de Dios. Esa sensibilidad al pecado y a la gracia es fundamental para el arrepentimiento. Y, como dice tan bellamente el salmista, Dios no desprecia un corazón contrito y humillado[10].

Este examen de conciencia es también muy importante para recibir con fruto el sacramento de la Confesión. Para quien recibe regularmente este sacramento, existe el peligro de que confiese sus pecados por rutina más que por arrepentimiento sincero. Es natural que confesemos a menudo los mismos pecados, porque cada uno tiene sus propias debilidades y vicios, y estos no cambian simplemente cada semana, pero es importante no 'acostumbrarse' a los pecados que cometemos. Tómate el tiempo necesario para hacer bien el examen de conciencia antes de recibir este hermoso sacramento.

En segundo lugar, es muy importante estimular la gratitud, ya que nos saca de nosotros mismos y elimina la niebla de la mediocridad. Si el padre de la parábola culpaba de algo a su hijo mayor, era de su actitud desagradecida. El hijo estaba tan centrado en su vida

---

[10] Salmo 51.

de miras estrechas que se había cegado ante los dones y las bondades presentes en su vida. Las acciones de gracias son como poderosas ráfagas de viento que remueven las cenizas de las brasas del corazón para que pueda brillar y dar calor de nuevo. Te animo a dar gracias por cosas concretas de cada día, aunque parezca forzado y no siempre vaya acompañado de bonitos sentimientos. Descubrirás que te vuelves más sensible a todo el amor presente en tu vida.

Por último, me gustaría darte una sugerencia que encuentra su inspiración en el diario de santa Faustina Kowalska. Cristo le dijo lo siguiente: «Son pocas las almas que contemplan mi Pasión con verdadero sentimiento; a las almas que meditan devotamente mi Pasión, les concedo el mayor número de gracias»[11]. El Evangelio nos habla del sufrimiento y de la muerte de Jesús en la Cruz. Leerás estos relatos con otros ojos cuando te des cuenta de que Él sufrió (¡y sigue sufriendo!) todo por tus pecados concretos: los gritos burlones de la multitud, los azotes sangrantes, la corona de espinas, los clavos de la cruz... Derramó toda su sangre por ti, para que pudieras ser redimido y gozar del abrazo amoroso de Dios Padre.

Un ejemplo de ello es la hermana Clare Crockett (1982-2016). Nacida en Derry (Irlanda del Norte), era una joven con talento, alegre y entusiasta que desde niña ambicionaba alcanzar la fama y la fortuna como actriz en Hollywood. Este sueño se fue acercando a medida que pasaba su adolescencia. En esa época también se dejaba llevar por el alcohol, las fiestas, los chicos, etc. A través de una amiga, conoció la congregación de

---

[11] S. Faustina Kowalska, *Diario*, n. 737.

las Siervas del Hogar de la Madre[12]. Aquel encuentro inició un proceso de arrepentimiento y conversión que acabaría llevándola a entrar en esta congregación.

La Hermana Clare era muy consciente del dolor que sus pecados habían causado a Jesús y a su propia alma. Durante un retiro, contemplaba la Pasión de Cristo. Escribió lo siguiente en su cuaderno:

> Lo que me da mucha fuerza es meditar en la Pasión del Señor. Cuando lo hago, siento de verdad la nada que soy. El otro día, meditando en su Pasión, sentí su mirada que me penetraba hasta el fondo de mi ser. Dentro de mí había un dolor muy profundo, porque veía el poco amor que tengo por Él y cómo le ofendo. Pero al mismo tiempo, sentí una paz y una fuerza que todo me daba igual y sentía que podía hacer cualquier cosa por Él. Aunque me hace ver mi pequeñez, veo al mismo tiempo su grandeza y su misericordia, y en eso me apoyo[13].

La Hermana Clare muestra que la contemplación sincera y personal de la Pasión de Jesús nos ayuda a ser conscientes de nuestra falta de amor a causa de nuestros pecados. Pero esta contemplación no lleva a estancarse en un estado de pena y lamentación. Hay dolor, pero se trata de un dolor que abre nuestro corazón a la misericordia de Dios. Es precisamente a través de este dolor que somos más capaces de apreciar el amor de Cristo y de sacar fuerzas de él.

En una conversación con el fariseo Nicodemo, Jesús le dice: «Pues todo el que obra mal odia la luz y no

---

[12] www.hogardelamadre.org.

[13] Kristen Gardner, *Sola con el Solo*, cap. 13.

viene a la luz, para que sus obras no le acusen. Pero el que obra según la verdad viene a la luz, para que sus obras se pongan de manifiesto, porque han sido hechas según Dios»[14]. Al principio de este capítulo me he referido a Dorian Gray, que escondió su retrato por miedo a ser confrontado con sus obras. Nosotros también podemos tender a esconder nuestros pecados en un rincón de nuestra alma. No lo hagas. Dirígete a la luz de Dios y abre tu alma para que esa luz divina te ilumine. Abre tu corazón en el sacramento de la Confesión y arrepiéntete, dándote cuenta de que tus pecados realmente le hacen daño a Dios y también a ti mismo. Cuando lo hagas, experimentarás como el hijo pródigo de la parábola el abrazo del Amor de Dios, pues lo que Él desea fervientemente es la conversión de tu corazón, ya que esa conversión le permite unirse a ti.

[14] Evangelio según S. Juan, 3, 20-21.

4. DESARROLLAR TU PALADAR MORAL

«Si quieres construir un barco, no empieces por buscar madera, cortar tablas o distribuir el trabajo. Evoca primero en los hombres y mujeres el anhelo del mar libre y ancho».

— Antoine de Saint-Exupéry[1]

Igual has tenido alguna vez la experiencia de una conversión especial. Una conversión como la del hijo pródigo; una conversión que derramó lágrimas de sincero arrepentimiento; una conversión que dio verdadera paz y alegría a tu corazón. Una experiencia como esa es un encuentro con la misericordia divina que aligera la vida y renueva los ánimos.

Igual también has experimentado que después de la conversión —tras un periodo corto o largo de entusiasmo y alegría— vuelve la monotonía a tu vida. Poco a poco la experiencia de la conversión va cubriéndose de cenizas y las tentaciones que te arrastraron al pecado y que después de la conversión renunciaste para siempre, van sumergiendo de nuevo a la superficie.

Se puede experimentar la vida interior como una especie de ciclo de altibajos que siguen el siguiente esquema: conversión – entusiasmo – rutina –

---

[1] Antoine de Saint-Exupéry, *The Wisdom of the Sands* (New York, 1950) [traducción del autor].

dificultades – recaída. Desde esta perspectiva, no parece haber un progreso real. Por tanto, es fácil llegar a la conclusión de que no tiene mucho sentido luchar contra tus tendencias pecaminosas y tus malos hábitos porque sólo te trae frustración. Otra conclusión que puedes sacar es que luchar por mejorar tu vida no es tan importante. Lo importante es que Dios te ama incondicionalmente, pase lo que pase.

Es verdad que Dios es un Padre que nos ama infinitamente y que siempre está dispuesto a perdonarnos. De hecho, ese es el fundamento de nuestra relación con Él. También es cierto que somos pecadores débiles que a veces no conseguimos dar una. Pero esto no significa que no podamos crecer en santidad. Sí que podemos. Y debemos. Lo que pasa es que no siempre tenemos una comprensión clara de lo que eso significa exactamente y de cómo podemos alcanzarlo. Como expliqué en el primer capítulo, el proceso de santidad es un proceso de creciente conciencia de la presencia de Dios en nuestras vidas. Significa dejarnos transformar por el amor de Dios.

Este capítulo trata de cómo podemos contribuir a esa transformación divina, porque el Señor no lo va a hacer Él solito. Él cuenta con nuestra iniciativa y con nuestro compromiso. Con otras palabras, podemos facilitar esa transformación, pero desgraciadamente también podemos impedirla.

Dios tiene un proyecto para tu vida, un deseo concreto: que llegues a ser como su Hijo Jesucristo. A causa del pecado original nos hemos separado del amor de Dios. Jesús se hizo hombre para liberarnos de las consecuencias de ese pecado. Mediante su pasión, muerte y resurrección, restableció nuestra relación con Dios y nos dio la capacidad de convertirnos en hijos de Dios[2]. El 'manual' a seguir es Jesús mismo: «Yo soy el camino, y la verdad, y la vida; nadie viene al Padre, sino por mí»[3].

Se trata de que nos identifiquemos cada vez más con Cristo. O sea, que hagamos propias sus características. Esas características las encontramos en el Evangelio y son formuladas clara y concisamente por Jesús en las Bienaventuranzas. Además de las ya mencionadas pobreza de espíritu y lágrimas de amor, se trata de la mansedumbre, el deseo de justicia, la misericordia, la pureza de corazón y la paz. Cuando integramos estas características de Jesús en nuestra vida, somos capaces como Él de llevar nuestra cruz y ofrecer nuestra vida como un sacrificio amoroso y valioso a Dios Padre. Somos capaces de soportar con esperanza y alegría los reveses, las contradicciones y los golpes que dan la vida, y al final podremos habitar en la Casa de Dios por toda la eternidad, como menciona Cristo al final de las Bienaventuranzas.

¿Por dónde hay que comenzar para identificarse con Cristo? Te aconsejo que examines tus deseos. Porque en el fondo, cada uno de nosotros anhela profundamente una vida de amor en Cristo porque Dios ha puesto esos deseos en nuestro interior. Jacques Philippe lo expresa bellamente:

La llamada de Dios y el deseo del hombre están destinados a coincidir; la acción propia del Espíritu

---

[2] Carta a los Gálatas: 4, 4-7.

[3] Evangelio según S. Juan: 14, 6.

Santo es hacerlos abrazarse, o despertando el deseo del corazón, haciéndonos desear lo que Dios quiere darnos, o eliminando los deseos superficiales[4].

Hacemos el mal debido al pecado original y al mal uso de nuestra libertad, pero eso no significa que somos completamente malos. Somos buenos, creados a imagen y semejanza de Dios. Somos capaces de hacer cosas buenas, sobre todo cuando, con la ayuda del Espíritu Santo, hemos descubierto nuestros deseos más profundos y actuamos en consecuencia. Podemos experimentar esos deseos más profundos cuando se produce una conversión sincera del pecado. La gracia del arrepentimiento purifica el alma de la superficialidad y el quebrantamiento, permitiéndonos ver con mayor claridad cuáles son nuestros anhelos más profundos y cómo Dios está presente en ellos. El problema llega cuando permitimos que el pecado domine sobre nuestro comportamiento, cediendo a las malas tendencias de nuestro corazón. Como consecuencia ya no vemos lo que realmente deseamos.

Por ejemplo, imagina que tienes problemas con la pornografía. Un día, no puedes resistir la tentación y te pones a mirar. Esa tentación representa los deseos superficiales de los que habla Philippe. Hay algo bueno en esos deseos, a saber, el deseo de amor. Lo que pasa es que, a causa del pecado original y de nuestros pecados personales, ese deseo se deforma. En el momento de la tentación, nos dejamos llevar por un deseo deformado, pensando que eso es lo que queremos. Después de ver pornografía y satisfacer el

---

[4] Jacques Philippe, *La llamada de Dios* (Madrid, 2015), cap. 5.

deseo deformado, surge el vacío en el corazón porque nos damos cuenta del engaño. Descubrimos que no era lo que realmente queríamos[5].

Después de la caída acudes contrito al sacramento de la Confesión y pides perdón a Dios por ese pecado. Experimentas que Él te ha perdonado de verdad, lo que trae a tu alma la paz y la alegría de Cristo. Ahora ves con claridad lo que realmente anhelas: un amor hermoso, respetuoso y generoso hacia Dios y hacia el prójimo. Sientes el propósito firme de nunca más abusar de tu cuerpo ni del cuerpo de quien está detrás de la pantalla. Quieres satisfacer un deseo puro y real, no un deseo superficial y desordenado. Pero la vida sigue, caes en viejos hábitos y, al cabo de un tiempo, vuelves a sentir la misma tentación.

¿Qué podemos hacer para romper este esquema? Philippe nos desafía a eliminar, con la ayuda del Espíritu Santo, los deseos superficiales del alma. Para conseguirlo, puedes intentar suprimir esos deseos con pura fuerza de voluntad y sentido del deber («por muchas ganas que tenga, no voy a ver pornografía porque no es bueno para mí»), pero a largo plazo este método no es ni efectivo ni sostenible para eliminar esos deseos. Lo que es mucho más poderoso y hermoso es 'educar' esos deseos superficiales y conectarlos con tus deseos más profundos. En otras palabras, se trata de que aprendamos a desarrollar

---

[5] Muchas personas tienen problemas con la pornografía, pero no es el único deseo superficial que padecemos. Piensa, por ejemplo, en la cantidad de tiempo que uno puede dedicar viendo series, ir de compras, en las redes sociales, en la carrera profesional... Son ejemplos de deseos superficiales que tienen algo bueno como el deseo de paz, de reconocimiento, de utilidad, etc.

nuestro paladar moral. Y, como leerás más adelante en este capítulo, puedes aprender a hacerlo de forma muy concreta.

Estoy convencido de que la mejor manera de luchar contra el pecado y crecer en santidad es enseñar gradualmente a tu corazón a saborear lo que es auténtica bondad y amor, como hace un experto con el vino o un gran chef con la comida. Todo ser humano tiene un paladar moral por el que puede gustar lo bueno y lo malo. El pecado merma esa capacidad. Como resultado, el hombre se vuelve cada vez menos sensible a lo que es bueno y bello. Las virtudes, en cambio, tienen el efecto contrario: nos hacen disfrutar cada vez más de la bondad y la belleza. Nos permiten descubrir y perseguir los deseos más profundos y puros de nuestro corazón.

A veces parece como si los cristianos no pueden disfrutar del todo de este mundo porque tienen que vivir con algunos mandamientos morales que se lo impiden. Esta es una visión limitada y negativa de la vida cristiana y, por desgracia, muchas personas viven con ella («tengo que ir a Misa el domingo» o «no se me permite tener relaciones sexuales antes del matrimonio»). Sin embargo, Dios nos ha dado una serie de mandamientos y directrices a través de su Iglesia, no para impedirnos disfrutar de la vida, sino para ayudarnos a disfrutarla de verdad. El mensaje que hay detrás de cada regla y mandamiento de la Iglesia podría formularse así: «No te dejes engañar por deseos superficiales que dan placer y disfrute momentáneos, pero que al final sólo dejan vacío. Atrévete a descubrir y perseguir tus deseos más profundos y amorosos».

Estoy completamente de acuerdo con el escritor británico C. S. Lewis cuando concluye del Evangelio que Jesús no encuentra nuestros deseos demasiado fuertes, sino demasiado débiles. Escribe:

> Somos criaturas con un corazón poco entusiasta que pierden el tiempo con la bebida, el sexo y la ambición, cuando lo que se les ofrece es una felicidad infinita: como un niño ignorante que quiere seguir haciendo pasteles de barro en un suburbio porque es incapaz de imaginar lo que significa la oferta de unas vacaciones junto al mar. Nos conformamos fácilmente con cualquier cosa[6].

Si te animo a luchar con valentía contra el pecado que reina en ti, no es sólo "porque la Iglesia dice que el pecado es malo", sino sobre todo porque el pecado te impide saborear la verdadera alegría de vivir. Los santos no eran personas patéticas que iban por la vida con la espalda encorvada porque llevaban un yugo muy pesado para llegar al Cielo. Los santos son personas que van ligeras y libres por la vida y realmente disfrutan de ella. Eran expertos en alegría, *connaisseurs* de la moral.

Alguien que mostró esta alegría en su vida fue Pedro Ballester (1996-2018), que enfermó de cáncer en su primer año de universidad. Tuvo que luchar contra la enfermedad durante tres años y el dolor a veces se hacía insoportable. Un mes antes de morir, cuando apenas podía levantarse de la cama del hospital, le preguntó a un amigo que estaba con él: «¿Eres feliz?» El amigo respondió: «Sí, ¿y tú?». Pedro respondió:

---

[6] C. S. Lewis, *El peso de la gloria y otros ensayos*: "El peso de la gloria", sermón en St. Mary the Virgin's Church, Oxford, 1941 (Madrid, 2017), p. 16.

«Nunca he sido más feliz»[7]. No fingía. Quienes le rodeaban hablaban de su sonrisa auténtica y de la profunda alegría que irradiaba. También era evidente en las decisiones conscientes que tomaba. En el hospital le daban morfina para aliviar el dolor, pero a veces aplazaba la dosis prevista para no adormecerse cuando esperaba visitas.

También pienso en Chiara Corbella (1984-2012), que estaba casada con Enrico. Sus dos primeros hijos murieron poco después de nacer. Cuando se quedó embarazada de su tercer hijo, a Chiara le diagnosticaron un tumor. Para tratar el cáncer, quiso esperar a que naciera el niño, a fin de que no corriera riesgos con el tratamiento. El niño nació, pero el tumor ya había hecho metástasis. Murió poco menos de un año después del nacimiento de su hijo. En internet puedes encontrar una foto suya diez días antes de morir. Lleva un parche en el ojo izquierdo y una hermosa sonrisa. Es la sonrisa de alguien que ama de verdad y sabe confiar incondicionalmente en Dios, incluso cuando sabe que la muerte es inminente[8].

Pedro y Chiara eran personas normales con un paladar moral muy refinado porque no se dejaron guiar por deseos superficiales, sino por amor auténtico y verdadero. Gracias a ello, pudieron saborear la verdadera alegría incluso cuando se enfrentaban a intensos sufrimientos. Si lees más sobre sus vidas, verás que poco a poco consiguieron descubrir sus deseos más profundos porque dieron espacio a Cristo en sus vidas. También leerás que fueron normales,

---

[7] www.pedroballester.org.uk/about/who-is-pedro
[8] www.chiaracorbellapetrillo.org/en/the-story-of-chiara/

60

que lloraron, que tuvieron sus crisis y que a veces les costaba lidiar con sus defectos y con el estado en que se encontraban. No eran perfectos. Pero realmente permitieron que Dios entrara en sus corazones.

Para desarrollar nuestro paladar moral, es importante tomar conciencia de una verdad importante: tu comportamiento, tus deseos y tus convicciones se influyen mutuamente. El escritor estadounidense David Brooks lo describe así: «Cada acción que realizas, cada pensamiento que tienes, te cambia, aunque sólo sea un poco, haciéndote un poco más elevado o un poco más degradado»[9]. Lo que debemos procurar es que nuestras acciones y pensamientos sean cada vez más coherentes con nuestras convicciones. La razón para ello es que nuestro comportamiento afecta a cómo percibimos la realidad y a cómo pensamos sobre ella.

Por ejemplo, imagínate que te dejas llevar por la pereza. Nunca te levantas cuando suena el despertador, en tu tiempo libre te dedicas sobre todo a ver series y a navegar sin parar por las redes sociales y pospones fácilmente tus estudios o tu trabajo cuando no te apetece. Lo que ocurre entonces es que gradualmente cambia tu percepción de lo que es la vida buena. Empiezas a ver de forma más negativa rasgos como la puntualidad y la disciplina. Eres cada vez más reacio a los amigos que te piden cosas que requieren esfuerzo. También influye en tu relación con Dios, porque todo lo que requiere esfuerzo (rezar, ir a Misa o cumplir con los mandamientos de Dios) se te hace mera obligación. De esta manera empiezas a valorar cada

---

[9] David Brooks, *The Second Mountain* (Nueva York, 2019), *Introduction. Moral Joy.* [traducción del autor].

vez más una vida fácil, cuyo ideal son unas vacaciones interminables en las que reina la comodidad, sin obligaciones ni expectativas. Es un ejemplo de cómo el comportamiento perezoso afecta a tus convicciones.

Por supuesto, esto también se aplica a la inversa: alguien que intenta aprovechar bien el tiempo, que intenta levantarse sin vacilaciones cuando suena el despertador, que se esfuerza por organizar bien su tiempo para poder terminar su trabajo a tiempo y también para tener después tiempo para ver una buena serie, disfrutará más de la vida buena. También se convencerá cada vez más de que un uso valioso del tiempo es realmente importante para vivir una vida valiosa y feliz. Así, el buen comportamiento estimula las buenas convicciones.

El paladar moral se desarrolla a través de las virtudes. Las virtudes son disposiciones del alma que se fijan a través de los hábitos, como las mencionadas disciplina y puntualidad. Moldean nuestro carácter y hacen que nuestro corazón aprenda a disfrutar de lo bueno. El desarrollo de las virtudes no se basa en un esporádico ejercicio de fuerza de voluntad. Es sobre todo un proceso paciente de caídas y nuevos intentos —de "*trail & error*"— en el que aprendemos a descubrir y alcanzar nuestros deseos más profundos. En este proceso se cometen errores. Pero lo más importante es seguir adelante, sin desanimarse y con humildad.

Hay una virtud especialmente importante para este proceso que es la paciencia, porque el desarrollo del paladar moral no se produce inmediatamente. A menudo, la paciencia se considera como la actitud de coportar a regañadientes una situación desagradable, como si se tratase de una especie de triste tolerancia («Qué se la va a hacer; habrá que aguantarse»). Mientras que esta virtud es muy positiva y también muy necesaria para alcanzar con paz interior los deseos más profundos. La paciencia tiene por objeto no desanimarnos cuando fracasamos, cuando nos sentimos tentados o cuando sufrimos un duro golpe. El teólogo alemán Josef Pieper lo expresó muy bien: «Paciente es no el que no huye del mal, sino el que no se deja arrastrar por su presencia a un desordenado estado de tristeza». Y a continuación cita a santo Tomás de Aquino: «Por la paciencia se mantiene el hombre en posesión de su alma»[10].

La paciencia es muy importante para evitar que tu espíritu y tu comportamiento se dejen llevar por sentimientos de orgullo, desánimo y queja o por tentaciones de placer desordenado. Si te mantienes paciente, conservarás la lucidez y seguirás siendo capaz de escuchar la voz del Espíritu Santo en tu alma. A esto se refiere santo Tomás cuando afirma que el ser humano posee su alma. Y es que, a menudo, nos dejamos llevar por deseos superficiales y desordenados porque somos impacientes. No damos suficiente espacio para que afloren los deseos profundos y verdaderos. Optamos por "*fastfood* espiritual" para saciar inmediatamente el hambre del corazón, en lugar de esperar pacientemente una comida mucho más nutritiva y, en última instancia, más placentera.

Para crecer en esta hermosa virtud, vale la pena buscar regularmente el silencio: momentos para estar a solas, sin estímulos ni distracciones. Sin smartphone,

---

[10] Josef Pieper, *Las virtudes fundamentales*, (Madrid, 2017), p. 137.

sin música, sin conversaciones con los demás, sino aprendiendo a estar sólo en silencio: para reflexionar, rezar y centrarse en las cosas que importan. Por ejemplo, puedes dar regularmente un paseo tranquilo por la naturaleza sin buscar entretenimiento. Sobre todo al principio, es probable que te aburras y que te resulte incómodo, porque no sabes qué hacer durante el paseo o porque el silencio y la falta de estímulos externos te confrontan con ciertos aspectos de tu vida. ¡Que así sea! Ese aburrimiento y esa incomodidad son buenos. Ten paciencia. Esas experiencias pueden tener al principio un "sabor desagradable", pero poco a poco se aprende a apreciarlas más, porque el silencio actúa como una especie de digestión mental. El silencio ayuda al corazón a darle un lugar apropiado a cada sentimiento, estímulo y pensamiento. También ayuda a afrontar con más paz interior las situaciones incómodas de la vida cotidiana, como las tentaciones pecaminosas o el mal humor.

Tenemos deseos superficiales y deseos profundos. Es mucho más fácil satisfacer los primeros que los segundos. A veces ni siquiera sabemos que tenemos ciertos deseos profundos. El desarrollo del paladar moral es una exploración de deseos profundos. David Brooks lo expresa muy bien: «En última instancia, la alegría no se encuentra en satisfacer tus deseos, sino en cambiar tus deseos para que tengas los mejores deseos. La vida educada es un viaje hacia un amor cada vez más elevado»[11].

Quiero hacerte dos sugerencias para esa búsqueda de tus deseos más profundos. La primera es dedicar

---

[11] David Brooks, *The Second Mountain*, cap. 19 [traducción del autor].

tiempo a mantener conversaciones profundas de tú a tú con personas que te inspiren y que gocen de tu confianza. No en grupo, sino a solas, permitiendo que afloren la intimidad y la vulnerabilidad. Esto no es fácil e incluso puede pasar que no sepas exactamente cómo mantener una conversación de este tipo. Algo que puede ayudar es pensar preguntas de antemano, no por guardar las apariencias o por mera curiosidad, sino por querer saber cómo vive y qué puedes aprender de la otra persona. Esto ayuda a aprender a escuchar; aprender a no venir siempre con tu propia opinión e historia; aprender a abrir sinceramente el corazón a lo que nos cuenta el otro.

El mismo consejo se aplica a tu relación con Dios. Dedica tiempo a estar a solas con Él en tiempos predeterminados. Hazle una pregunta, comparte una duda o expresa un sentimiento presente en tu corazón y deja espacio al silencio y a la escucha. No siempre obtendrás una respuesta o una confirmación inmediata. Sé paciente. Lee un fragmento del Evangelio para inspirarte. Dile al Espíritu Santo: «Hazme experimentar tu presencia. Dame tu luz. Dame tu fuerza y tu consuelo». Antes o después obtendrás respuestas e inspiraciones que te sorprenderán y que gradualmente elevarán tus deseos y tu comportamiento.

La segunda sugerencia es leer literatura clásica. Es decir, libros que han superado la prueba del tiempo y han conseguido inspirar a personas de todas las generaciones y culturas. Esos libros son capaces de expresar experiencias y deseos que están profundamente presentes en todas las personas. Leer buenos libros con regularidad suena bien, pero no es

65

algo natural si no se tiene ese hábito. Sobre todo, al principio, puede costar cogerle gusto. Es lógico que zamparse una serie detrás de otra suene mucho más atractivo que leer libros como *David Copperfield* o *Anna Karenina*. Aun así, te animo a que le dediques tiempo de verdad. Ten paciencia y persevera. Las buenas historias contienen mucha inspiración y belleza. Aprenderás a disfrutar de la lectura. Por cierto, también puedes optar por leer un libro con otra persona. Un buen libro tiene mucho contenido para una conversación profunda[12].

El camino de la santidad es un camino hacia un amor cada vez más alto, y el amor más alto es Cristo mismo. Cuando tú y yo conseguimos desarrollar nuestro paladar moral, somos capaces de descubrir la persona de Jesús en nosotros mismos, en los demás y en todo lo que hacemos. Es un proceso gradual y paciente que requiere esfuerzo. Hay una práctica evangélica que ayuda enormemente a desarrollar rápidamente el paladar moral y es esencial para descubrir a Jesucristo: las obras de misericordia.

Las obras de misericordia son formas concretas de dar amor a los necesitados. Jesús nos exhorta en el Evangelio a dar de comer al hambriento, dar de beber al sediento, acoger al forastero, vestir al desnudo, cuidar al enfermo y visitar al encarcelado[13]. No sólo porque esto es bueno para esas personas, sino también porque esas obras son un encuentro concreto con Cristo mismo: «En verdad os digo que cuanto hicisteis

---

[12] Si necesitas sugerencias para buenos libros, te recomiendo este enlace: www.delibris.org/es/list-category/34587.

[13] Evangelio según S. Mateo, 25, 35-36.

a uno de estos mis hermanos más pequeños, a mí me lo hicisteis»[14].

Jesús dice en las Bienaventuranzas: «Bienaventurados los misericordiosos, porque ellos alcanzarán misericordia». Alcanzarán la misericordia no tanto por un efecto karma («Hago algo bueno, por tanto, recibiré algo bueno»), sino porque sus corazones se hacen cada vez más sensibles al amor de Dios, que está presente en toda obra de misericordia. El papa Benedicto XVI lo expresó bellamente: «Sólo mi disponibilidad para ayudar al prójimo, para manifestarle amor, me hace sensible también ante Dios. Solo el servicio al prójimo abre mis ojos a lo que Dios hace por mí y a lo mucho que me ama»[15].

Un ejemplo de la práctica de la misericordia es el beato Carlo Acutis (1991-2006), que murió de leucemia siendo un adolescente. Carlo era un chico normal. Era un excelente programador informático y le gustaban mucho los videojuegos y jugar al fútbol. Y fue un joven santo, porque logró involucrar a Jesús en todo lo que hacía: «Siempre quiero estar cerca de Jesús, ese es mi proyecto de vida». Déjame darte algunos ejemplos de cómo Carlo ponía en práctica las obras de misericordia:

— Defendía a los niños en el colegio que sufrían de *bullying*, especialmente a los discapacitados.
— Compraba sacos de dormir con sus ahorros para dárselos a los sintecho y por la noche iba a llevarles café caliente.

---

[14] Evangelio según S. Mateo, 25, 40.
[15] Benedicto XVI, *Deus Caritas est* (Roma, 2005), n. 18.

— Ayudó en varios comedores sociales de la ciudad.
— Ayudó en acciones parroquiales para recaudar fondos para obras benéficas.

No es de extrañar que muchos sin techo y pobres acudieron a su funeral en señal de respeto y gratitud por el amor que les brindó[16].

Te animo a que dediques tu tiempo a los que lo necesitan, que los hay a montones. No sé si donde vives hay muchas personas sin hogar, pero en todo caso hay personas que sufren de soledad, que están enfermas o que tienen hambre y sed de amor. Si practicas las obras de misericordia, se purificarán tus deseos y podrás ver a Cristo en los demás y en ti mismo.

[16] www.carloacutis.com.

5. HAZ DE TU DÍA UN SACRIFICIO EUCARÍSTICO

«Como la gota de agua que se echa en el cáliz se mezcla con el vino, así tu vida debe fundirse con la de Cristo».

— Nguyen Van Thuan[1]

En la literatura hay muchas historias de héroes dispuestos a sacrificar su vida para cumplir una misión determinada: Frodo que tiene que arrojar el anillo al Monte del Destino, Harry Potter que da su vida para vencer a Voldemort o el león Aslan que se deja matar por la bruja en Narnia. Ninguno de ellos lo hace por interés propio, sino para salvar la vida de los demás. Estas historias son conmovedoras. En el fondo reflejan un arquetipo que se completa a la perfección en el mayor relato heroico de la historia: el de Dios que se hizo hombre y murió en la cruz para redimir a la humanidad del pecado.

En este capítulo quiero profundizar en esta epopeya del Hijo de Dios. Quiero hacerte ver que puedes involucrarte en esta historia de un modo muy concreto. Al fin y al cabo, luchar por la santidad significa participar activamente en el plan de Dios para salvar a la humanidad.

---

[1] Citado en National Catholic Register, *The Eucharistic Shape of Cardinal Nguyen Van Thuan's Holy and Heroic Life* (14.9.2022): www.ncregister.com [traducción del autor].

El plan redentor de Dios tiene una dimensión histórica, porque Jesús se hizo hombre en un momento concreto de la historia. Nació de la Virgen María, vivió unos treinta y tres años, hizo milagros y finalmente murió en la cruz para después resucitar de entre los muertos. Son acontecimientos históricos por los que Jesús nos abrió las puertas del Cielo y nos redimió del pecado.

Pero el plan redentor de Dios no es sólo algo que ha tenido lugar y del que nos beneficiamos pasivamente («no tengo que hacer nada más, porque Jesús ya me ha redimido»). Fíjate lo que escribe el cardenal Cantalamessa:

> El error consiste en que nosotros inconscientemente consideramos la pasión como un hecho acaecido hace dos mil años y concluido para siempre. (...) Está escrito por doctores de la Iglesia que «la pasión de Cristo se prolonga hasta el fin de los siglos» y que "Cristo estará agonizando hasta el fin del mundo"[2].

La Redención, además de ser histórica, también tiene una dimensión fuera del tiempo. El trabajo salvífico de Jesús sigue teniendo lugar y, por tanto, sigue siendo relevante cada día. Dios está redimiendo a todas las personas para que todos se salven. Cantalamessa prosigue:

> En el Espíritu, Jesús sigue estando en Getsemaní, en el pretorio, en la cruz, y no solamente en su cuerpo místico —en todos los que sufren, los que están presos o los que son asesinados— sino, de un modo que no podemos explicar, también en su persona.

---

[2] Raniero Cantalamessa, *La Vida en Cristo* (Madrid, 1998), cap. 4.5.

Este misterioso plan redentor de Dios, con su dimensión histórica y su dimensión eterna, se realiza en el sacramento de la Eucaristía. Allí es donde el cielo y la tierra se unen. La Santa Misa no es sólo una conmemoración de unos hechos históricos, sino que esos mismos hechos tienen lugar misteriosamente en el presente. En la Eucaristía, participamos misteriosamente en la Última Cena de Jesús; le acompañamos al Calvario, donde muere en la cruz, y estamos presentes en su resurrección. Por eso, este sacramento se considera la fuente y la culminación de la vida cristiana[3].

Y la cosa no termina aquí. No estamos llamados a ser espectadores de este misterio grandioso, sino que Dios nos pide que participemos en él. Estamos llamados a sacrificarnos con Jesús en la Eucaristía[4]. Esto es lo que hicieron los ya mencionados Pedro Ballester, Chiara Corbella, Hermana Clare y Carlo Acutis. Esto es lo que hicieron los santos. Dejaron espacio a Cristo para hacer de sus vidas un sacrificio de amor que Él une con su propio sacrificio. Cada vez que se celebra la Santa Misa, es Cristo mismo quien hace de su sacrificio y de nuestros sacrificios una sola ofrenda dirigida a Dios Padre por medio del Espíritu Santo. Este es esencialmente el plan redentor de Dios para la humanidad y esto ofrece una enorme perspectiva para tu vida diaria.

Tú y yo estamos llamados a una epopeya. Estamos llamados a luchar contra el mal y a llenar el mundo de amor. Y ese relato heroico se da en tu vida cotidiana.

---

[3] Concilio Vaticano II, *Lumen Gentium*, n. 11.

[4] Ibidem.

71

Se trata de hacer de cada día un sacrificio eucarístico: tanto el domingo que pasas devotamente en la iglesia como el lunes gris en la oficina y el viernes que vas de marcha con tus amigos.

Igual piensas: «Pero ¿cómo? Si mi día es muy normal y no hago nada especial. ¿Qué héroe voy a ser yo, si ya me cuesta levantarme de la cama cuando suena el despertador?» Este razonamiento es muy comprensible, pero la realidad, gracias a Dios, es muy distinta. «Dios no ve las cosas como los hombres: el hombre se fija en las apariencias, pero Dios ve el corazón»[5]. No se trata tanto de espectáculos visibles, sino de la actitud del corazón con la que nos dedicamos a nuestros quehaceres diarios.

Hay personas que han logrado unirse espectacularmente al sacrificio eucarístico de Cristo. Pienso, por ejemplo, en el cardenal vietnamita Nguyen Van Thuan (1928-2002). Recién nombrado arzobispo de Saigón fue detenido por el régimen comunista de su país. Pasó trece años en campos penales y prisiones, nueve de ellos en una celda aislada, donde sólo tenía contacto con los guardias. Casi todos los días se las arreglaba para celebrar la Santa Misa en secreto, con tres gotas de vino y una de agua en la palma de la mano. Las autoridades tenían que sustituir periódicamente a sus guardias porque Van Thuan mostraba tanto amor e interés por ellos que se acababan convirtiendo a la fe. El cardenal vietnamita sabía unirse a Cristo sufriente de un modo muy especial[6].

---

[5] 1 Samuel, 16, 7.

[6] Puedes leer su testimonio en su libro: Nguyen Van Thuan, *Cinco panes y dos peces* (Madrid, 2012).

72

Van Thuan es una inspiración para todos los creyentes. Demostró que se puede abrazar la cruz de Cristo e unirse a Él en las circunstancias más dramáticas. Pero es bastante probable que tú y yo no pasemos nuestras vidas en un campo de concentración comunista o en una celda aislada, sino que llevemos vidas muy corrientes como las de la mayoría de la gente. La celda de Nguyen van Thuan —el lugar donde debía hacer de su vida un sacrificio de amor— se convirtió en su altar. El tuyo debe de ser el despacho donde trabajas, la mesa de la cocina en la que preparas la cena, la calle por la que paseas, el bar donde tomas una tapa, el gimnasio donde te pones en forma. Estos son los lugares donde debe desarrollarse tu epopeya.

Cuando consigues unirte a Jesús en todas estas circunstancias y ocupaciones —cuando te comprometes a hacer lo de cada día por amor a Él— te conviertes en un alma eucarística. El papa Francisco explica lo que esto significa: «Significa dejar actuar a Cristo en nuestras obras: que sus pensamientos sean nuestros pensamientos, sus sentimientos los nuestros, sus elecciones nuestras elecciones. Y esto es santidad: hacer como hizo Cristo es santidad cristiana»[7]. No se trata de hacer locuras ni cosas espectaculares. Se trata de que en todo lo que haces, busques el encuentro con Cristo que carga con su cruz. Pongamos algunos ejemplos.

Estás estudiando en la biblioteca y al cabo de un rato te aburres. Lo que te apetece es coger el móvil para echar un vistazo a tus redes sociales. Pero también puedes pensar en el sacrificio de Cristo y hacer un esfuerzo extra para seguir estudiando hasta el descanso previsto.

---

[7] Papa Francisco, *Catequesis sobre la Santa Misa* (4.4.2018).

Llegas a casa después de un ajetreado día de trabajo y te apetece tumbarte en el sofá para ver una película, pero ves a tu padre en la cocina fregando los platos. Puedes ignorarle e ir derecho al sofá, pero también pensar en Jesús y decidirte a ayudar a tu padre en la cocina antes de ver esa película.

Tienes una discusión con un amigo sobre un tema en el que tenéis opiniones muy distintas. Puedes intentar llevarte la razón a toda costa o puedes hacer el esfuerzo por escucharle de verdad e incluso hacerle preguntas para entender mejor su punto de vista.

Estás en el bar con tus amigos. Te has tomado ya un par de copas y todos van a tomarse otra. Puedes decidir seguir la corriente, pero también puedes decidir tomarte un refresco en vez de una copa y ofrecerlo a Jesús por tus amigos.

Estás tumbado en la cama y una depresión te hace ver el día con oscuridad y desgana. Te sientes con muy pocas fuerzas para aprovechar bien el día. Puedes pensar en Jesús llevando su cruz y hacer un esfuerzo por levantarte para dar un paseo —aunque no tengas nada de ganas— para acompañar de esa manera a Jesús al Calvario.

Este tipo de esfuerzos amorosos son muy agradables a Dios. Son sacrificios que Cristo gratamente pone sobre su altar eucarístico. Para el mundo significan poco, pero para el Cielo valen una eternidad. Porque no se trata de tener muchos o pocos talentos[8]. No se trata de si eres la persona más poderosa de la tierra o si haces el

---

[8] Véase la parábola de los talentos: Evangelio según S. Mateo, 25, 14.-30.

trabajo más humilde. Se trata de que descubras el amor de Jesús en las cosas grandes y sobre todo en las cosas pequeñas de cada día. Deja que comparta un precioso ejemplo de esto.

El padre Willie Doyle (1873-1917) fue un sacerdote y jesuita irlandés que murió durante la Primera Guerra Mundial mientras servía como capellán militar del ejército irlandés. Antes de la guerra, viajó por Irlanda e Inglaterra dando catequesis y dirigiendo retiros. El padre Willie no era famoso ni poseía un carisma especial, pero su diario personal demuestra que tenía una maravillosa relación con Jesús que inspiró a mucha gente. En él relata su 'batalla de la mantequilla'. Como buen irlandés, al padre Willie le gustaba mucho la mantequilla. Un día escribió lo siguiente: «Siento que Jesús me pide una cosa que no tengo el valor de darle: la promesa de renunciar por completo a la mantequilla». Y otro día escribió: «La perspectiva de un desayuno de pan seco y té sin azúcar me parece insoportable»[9].

Todos los días, el padre Willie libraba su 'batalla de la mantequilla'. En su diario anotaba las veces que conseguía vencer en esta lucha. Ocurría a menudo que no conseguía renunciar del todo a la mantequilla, pero no se rendía y seguía intentándolo. Esta batalla parece un sinsentido, pero para el padre Willie era una forma de llevar su cruz con Jesús. Entre tanto se ha abierto el proceso para su canonización. Es un ejemplo para ti y para mí de una persona cuyo corazón estaba lleno de la

---

[9] Citado en Father Willie Doyle Association, *Thoughts for March 11 from Fr Willie Doyle* (2018): www.williedoyle.org [traducción del autor].

Eucaristía. A su manera consiguió unirse a Jesús en las cosas más pequeñas de cada día.

En el Evangelio leemos sobre personas que toman la iniciativa para seguir a Jesús. Pero también leemos sobre ciertas personas que son sorprendidas por Jesús. Uno de ellos es Simón de Cirene. Estaba entre la multitud mientras Jesús llevaba su cruz por las calles de Jerusalén y los soldados le ordenaron que cargara con la cruz[10]. Jesús estaba completamente agotado y la pesada cruz era superior a sus fuerzas humanas. Necesitaba ayuda y este Simón fue empujado a ayudarle.

En la vida cotidiana podemos tomar la iniciativa de dar a Jesús nuestro amor, como en los ejemplos antes citados. Pero también puede ocurrir que la vida nos "empuja" a sufrir con Él, por ejemplo, a causa de una enfermedad, una desgracia o un abandono. Pienso, en particular, en las personas que sufren problemas de salud mental: personas atormentadas por depresiones, ansiedad, traumas y otros problemas; personas que apenas tienen fuerzas para levantarse de la cama para empezar el día; personas que sufren de un ánimo oscuro incluso en las circunstancias más alegres.

El sufrimiento del hombre es misterioso: ¿por qué me pasa esto a mí? ¿Por qué tengo que llevar este yugo? Son preguntas a las que muchas veces no obtenemos respuestas. Pero ese sufrimiento puede tener sentido e incluso puede ayudarnos a ser santos. El sufrimiento inesperado te empuja, como a Simón de Cirene, al camino donde está Cristo con su cruz. Él te tiende la mano y te pregunta si puedes ayudarle a llevar su cruz

---

[10] Evangelio según S. Marcos 15, 21.

hasta el Calvario. A cada uno se lo pide a su manera. A algunos se los pide de una manera especial, como la santa holandesa Lidwina de Schiedam (1380-1433). De niña, sufrió gangrena a causa de un accidente de patinaje y quedó paralítica y postrada en cama el resto de su vida. Lidwina comulgaba regularmente en la cama. De la Eucaristía sacaba fuerzas para unir su intenso dolor al sufrimiento de Cristo y recibir a sus visitantes con amor y atención. Esta joven, que no podía levantarse de la cama, se convirtió en una inspiración para quienes la rodeaban y, siglos después, sigue gozando de gran devoción en los Países Bajos y en otros países.

Quisiera compartir algunas sugerencias concretas que pueden ayudarte a hacer de tu día un sacrificio eucarístico. La primera es asistir a Misa los domingos con la mayor atención y cariño posibles, y comulgar con gran devoción. Para ello, te recomiendo que profundices en el sentido de la liturgia de la Santa Misa. Cada parte de la Misa tiene un significado profundo: el confiteor, las lecturas de las Sagradas Escrituras, el ofertorio, la plegaria eucarística, la Consagración... Si las conoces mejor, te resultará más fácil seguir la Misa devotamente y unirte al sacrificio de Jesús. Puedes, por ejemplo, preguntar al sacerdote de tu parroquia si puede ayudarte con esto. También te animo a que te prepares bien para la Santa Misa: vístete adecuadamente, acude a la Iglesia un poco antes para rezar en silencio antes de que comience la Misa, siéntate en un lugar donde te distraigas menos, si es posible utiliza un misal para seguir bien la celebración, y quédate unos minutos después de la Misa para dar gracias al Señor por haberte permitido recibirle.

Además, siempre que sea posible, te animo a que asistas a la Santa Misa y comulgues también durante la semana. ¡Podemos sacar tanta fuerza del Cuerpo de Cristo! Esto queda bien reflejado en el pan de Lembas de la historia de *El Señor de los Anillos*. La Comunidad del Anillo recibió este pan de los elfos porque tiene una característica especial: a pesar de no tener sabor, un pequeño trozo ya es extremadamente nutritivo. La palabra 'lembas' significa 'pan para el viaje' en el idioma acuñado por Tolkien. Este alimento daba a Frodo y a sus amigos la fuerza para continuar su viaje. Probablemente Tolkien se inspiró en la Eucaristía cuando escribió sobre el pan de Lembas, ya que 'pan para el viaje' en la tradición católica es una referencia al Santísimo Sacramento. Además, tenía gran devoción por la Eucaristía. Así lo escribió en una carta a su hijo:

> De las tinieblas de mi vida, tan frustrada, pongo ante ti la única gran cosa que amar en la tierra: el Santísimo Sacramento. Allí encontrarás romance, gloria, honor, fidelidad y el verdadero camino de todos tus amores en la tierra[11].

En nuestro mundo tan secularizado no siempre es fácil asistir a la Santa Misa entre semana. Si tienes esa oportunidad, aprovéchala. Pero incluso si no puedes asistir a la Santa Misa durante la semana, hay una devoción que puede ayudar mucho a que la Eucaristía ocupe un lugar central en tu día, y es la comunión espiritual. La comunión espiritual es una breve oración —improvisada o basada en la tradición— con la que

---

[11] The *Letters of J. R. R. Tolkien* (Boston, 2013), carta n. 43: a su hijo Michael (6-8.3.1941) [traducción del autor].

decimos a Jesús que tenemos el deseo de recibirle en la Eucaristía[12].

El papa Juan Pablo II escribió que la comunión espiritual tiene su origen en el anhelo constante de la Eucaristía[13]. Se podría comparar con dos personas enamoradas que se envían mensajes con regularidad para expresar el deseo que tienen de estar juntos. Si expresas este deseo regularmente a lo largo del día, con el tiempo experimentarás más amor por Jesús Sacramentado. También te será más fácil ofrecer tus actividades diarias como ofrenda agradable a Jesús.

El sacrificio eucarístico de Cristo es una fuente infinita de gracia que Dios pone generosamente a disposición de cada uno de nosotros. Pero incluso una cantidad infinita de gracia no puede llenar un corazón que ya está lleno. Por eso es importante que aprendamos a vaciar nuestro corazón de las cosas que lo hacen menos receptivo al amor de Dios. Hay una hermosa virtud para ello: la pobreza.

La virtud cristiana de la pobreza libera al corazón del amor desordenado a los placeres, deseos y las cosas de este mundo. La pobreza hace que no estemos apegados y encadenados a lo mundano; que podamos seguir a Jesús con un corazón abierto y libre. Algunas personas, como san Francisco de Asís, vivieron esta virtud de manera especial, desprendiéndose de todas las posesiones materiales que tenían para abrazar

---

[12] Una comunión espiritual popular es la que san Josemaría Escrivá aprendió de niño de un padre escolapio: *Yo quisiera, Señor, recibiros con aquella pureza, humildad y devoción con que os recibió vuestra santísima Madre; con el espíritu y fervor de los santos.*

[13] S. Juan Pablo II, *Ecclesia de Eucharistia* (17.04.2003), n. 34.

las palabras de Cristo: «Si quieres ser perfecto, anda, vende tus bienes y dáselos a los pobres, y tendrás un tesoro en los cielos. Luego, ven y sígueme»[14].

Pero esta virtud no queda reservada a algunas vocaciones especiales. Tú y yo también necesitamos la pobreza en nuestro camino hacia la santidad. Si quieres llenar tu corazón del amor de Dios, es importante que seas pobre y estés desprendido. Es importante que los placeres y las preocupaciones de esta vida no te aten a la tierra, sino que encuentres el modo de canalizarlo todo hacia el Señor.

Igual te preguntas: ¿Cómo puedo vivir la pobreza en medio del mundo? ¿Debo vender todo lo que tengo y dejar de lado todos los placeres terrenales? Algunas personas han recibido una llamada de Dios que exige tales decisiones, pero esa no es la única manera de vivir la pobreza, sobre todo si vives en medio del mundo como un ciudadano más. Lo importante es que nos esforcemos por no dejar que haya nada en el corazón que nos impida amar incondicionalmente a Dios y al prójimo.

El corazón de cada persona es distinto. Lo que es muy atractivo para uno puede dejar indiferente a otro. Lo importante es hacer un examen de conciencia sincero para ver qué cosas llenan tu corazón y a qué estás demasiado apegado. Aquí tienes una lista que puede ayudarte con ello:

— Cosas como ropa, joyas, libros y aparatos digitales

---

[14] Evangelio según S. Mateo 19, 21.

— Fiestas, cenas, planes de vacaciones y aficiones
— Carrera profesional
— Dinero y posesiones materiales como un coche o una casa
— Comodidad, confort y lujo
— Redes sociales, videojuegos, series y otras formas de entretenimiento digital

Todo lo que aparece en esta lista son cosas que pueden ser buenas en sí mismas. Todo tiene su valor si se utiliza de forma ordenada. Como en todo lo santo, Jesús es el mejor ejemplo en esto. Jesús supo disfrutar de las cosas buenas de este mundo, como demostró en las Bodas de Caná. Y su ropa era de buena calidad (de lo contrario, los soldados presentes en su crucifixión no habrían repartido sus vestidos, ni echado suertes sobre su ropa). Al mismo tiempo, no había nada a lo que Jesús estuviera demasiado apegado. Era completamente libre y sabía desprenderse de todo lo necesario para cumplir su misión de amor. El corazón de Jesús estaba siempre receptivo a su Padre y a todos los hombres. En su caso, todas las cosas y placeres de esta tierra estaban ordenados al amor.

Si has descubierto que hay cosas a las que estás demasiado apegado, te animo a que seas valiente y te distancies de ellas durante un tiempo. Por ejemplo, tal vez pasas demasiado tiempo en las redes sociales. Te ayudará borrarlas de tu teléfono durante un mes y evaluar su uso pasado ese tiempo. O si estás demasiado apegado a la ropa, te puede ayudar no comprar ropa nueva durante un tiempo, sino reparar y reutilizar ropa vieja.

En el capítulo tres me he referido a Clare Crockett. Me gustaría compartir un ejemplo de cómo ella y sus hermanas de la congregación vivían la pobreza de forma eficaz y sencilla. Un grupo de ellas se trasladó a la ciudad estadounidense de Jacksonville, en Florida, para ayudar en la pastoral con jóvenes a través de una parroquia y un colegio. Las hermanas, entre las que no había ninguna estadounidense, pronto descubrieron que el estilo de vida americano se centraba en la comodidad y el bienestar: la suavidad de las toallas y las sábanas, los cómodos sofás para tumbarse, el aire acondicionado para evitar el calor y la humedad de Florida, etc. Las hermanas se preguntaban cómo podían abrazar su cruz y seguir al Señor si todo era tan placentero y cómodo. Pensaron en pequeñas cosas que podían hacer para no perder la radicalidad de su voto de pobreza. Así decidieron quitar todos los sofás de la casa y no utilizar el aire acondicionado ni en casa ni en el coche, para ofrecerlo al Señor, que también había elegido libremente vivir en pobreza[15].

Si, como estas hermanas, haces el esfuerzo de desprender tu corazón del amor desordenado a las cosas y los placeres de la vida, experimentarás más fácilmente la alegría y la paz de Cristo, y aumentará tu capacidad de unir tus quehaceres diarios al Santo Sacrificio del Altar. Te ayudará a ser un alma eucarística.

---

[15] Kristen Gardner, *Sola con el Solo*, cap. 12 [traducción del autor].

6. NO ESTÁS SOLO

«Vosotros no os habéis elegido unos a otros, sino que
Yo os he elegido a unos para otros».

— C. S. Lewis[1]

¿Te has imaginado alguna vez cómo son el infierno y el cielo? Yo solía imaginarme el infierno como un lugar lleno de fuego donde feroces demonios atormentan eternamente a las almas condenadas. Me imaginaba el cielo como un lugar lleno de luz donde disfrutamos plenamente con Dios, los ángeles y los santos.

Mi imagen del cielo no ha cambiado, pero el infierno lo considero ahora de otra manera. No creo que el mayor tormento del infierno sea el diablo que te castiga en un mar de fuego. Creo que lo peor del infierno es la soledad absoluta. Cada alma del infierno es 'autosuficiente' y no necesita a nadie, ni a Dios ni a los demás seres humanos. Cada alma está abandonada a sí misma. Odia a todo el mundo, especialmente a sí misma.

Esta imagen del infierno tiene su fundamento en la convicción de que los seres humanos somos profundamente relacionales. Con esto quiero decir que nuestra humanidad toma forma en la medida en que nos relacionamos con otras personas. Cuanto más amor nos conecta con los demás, más nos

---

[1] Son palabras que el autor pone en boca de Jesús. Véase C. S. Lewis, *Los cuatro amores* (Madrid, 2006), p. 101.

llenamos de humanidad. El Cielo es la culminación de esta humanidad. De ahí que C. S. Lewis escribiera que entrar en el cielo significa llegar a ser más humano de lo que nunca se podría ser en la tierra y entrar en el infierno significa ser exiliado de la humanidad[2].

No se trata sólo de una convicción teológica. Independientemente de que uno sea creyente o no, puede observar que las relaciones interpersonales son el factor determinante para una vida significativa y feliz. En 1938 comenzó en la Universidad de Harvard uno de los estudios académicos más largos jamás realizados. Con el *Harvard Study of Adult Development* los investigadores se plantearon una pregunta muy ambiciosa: ¿qué hace feliz al ser humano? Cientos de personas participaron en este estudio que duraría todas sus vidas. Periódicamente se les entrevistaba, tenían que rellenar encuestas y se les realizaban exámenes médicos. El resultado final fue muy claro: el factor determinante de la felicidad personal es la calidad y sostenibilidad de las relaciones personales, mucho más que el dinero, la fama o la salud. De hecho, las buenas relaciones mejoran la salud y aumentan el éxito económico[3].

En la sociedad occidental padecemos cada vez más de una enfermedad profunda y grave. Bajo la apariencia de autonomía, independencia y libertad, muchas personas viven principalmente para sí mismas; todo gira en torno a la palabra "yo". Esto puede parecer agradable,

---

[2] C. S. Lewis, *El problema del dolor* (Madrid, 20), cap. 8.

[3] The Harvard Gazette, *Good genes are nice, but joy is better* (2017): https://news.harvard.edu/gazette/story/2017/04/over-nearly-80-years-harvard-study-has-been-showing-how-to-live-a-healthy-and-happy-life/.

pero a la larga la centralidad del "yo" deja soledad, vacío y también indiferencia. No estamos hechos para nosotros mismos. Dios en su trinidad es una relación de amor puro y nosotros hemos sido creados a su imagen y semejanza. Estamos hechos para los demás. Eso significa que no puedes alcanzar la felicidad ni por ti mismo ni en ti mismo. No eres autosuficiente.

Encontramos la felicidad en las relaciones. La relación con Dios es la primera y más importante relación que tenemos. Esta relación es tan importante para nuestra felicidad que la felicidad va de la mano de la calidad de nuestra relación con Dios. En otras palabras, cuanto más nos esforcemos por tener una relación de amor con Dios, más felices seremos.

Llegar a ser santo no gira en torno a un logro o un mérito, sino a una relación. La santidad no es una hoja de ruta individual de buenos hábitos y cumplimientos hacia la perfección humana. Es una participación de la comunidad amorosa del Padre, el Hijo y el Espíritu Santo. La Santísima Trinidad es una familia. Y para que podamos participar de esa familia divina, Cristo fundó la Iglesia. Dios ha creado la Iglesia para que te santifiques, es decir, para que participes plenamente del amor divino. A la santidad se camina siempre de la mano de otros miembros de la Iglesia. Se camina juntos: con los cristianos aquí en la tierra, con el papa y los obispos, con las almas que están en el cielo y en el purgatorio, con tu ángel de la guarda y con la Virgen María.

No estás solo. Tienes la parroquia, así como otras comunidades de fe. Ahí puedes participar en celebraciones litúrgicas, recibir los sacramentos y recibir catequesis y acompañamiento espiritual. Puedes encontrar fuerza y aliento a través del encuentro con tus hermanos y hermanas en la fe. En una iglesia local piadosa, vibrante y amorosa, puedes encontrarte realmente con Dios. No importa si estás al principio de tu camino o si ya llevas tiempo practicando la fe. No importa si te has desviado o si estás bastante alejado de Dios a causa del pecado. En la iglesia local, siempre debes tener un hogar que te conecte con Dios y con tus hermanos. Por tanto, te animo a que te involucres de verdad en una parroquia o en otra comunidad de fe.

Puede que en tu entorno no haya ningún sitio en el que te sientas a gusto, por ejemplo, porque apenas hay jóvenes. En ese caso, podrías ponerte en contacto con tu diócesis para que te informen sobre otras parroquias y comunidades y también sobre actividades y eventos en los que puedes participar.

No estás solo. Jesús nos ha dado pastores como el papa y los obispos que velan por la unidad de la Iglesia. Ellos custodian la doctrina de Cristo y ayudan a todos los creyentes a comprenderla bien y ponerla en práctica. Te invito a rezar cada día por los pastores de la Iglesia y a escuchar atentamente sus mensajes. El papa y los obispos están ahí para darte orientación y guiarte en el camino de la fe, que no es un lujo innecesario en la sociedad actual[4].

---

[4] El papa escribe regularmente encíclicas y cartas sobre temas concretos y también pronuncia discursos, por ejemplo, durante la audiencia de los miércoles en la plaza de San Pedro. Los obispos también escriben regularmente cartas a los fieles, por ejemplo, con motivo de la Pascua, la Navidad o de otros acontecimientos.

No estás solo. «Todos los bautizados aquí abajo, en la tierra, las almas del Purgatorio y todos los bienaventurados que están ya en el Paraíso forman una sola gran Familia»[5]. Es lo que llamamos la comunión de los santos. El Catecismo llama a la Iglesia el Cuerpo Místico de Cristo[6]. A través de Jesús, estamos conectados unos con otros. De esta manera la gracia del Espíritu Santo puede fluir a través de todos nosotros. Cada acto de caridad que realizas, cada oración que rezas y cada sacramento que recibes hace que la gracia de Jesús fluya a todos los creyentes del mundo. La comunión católica no es un símbolo. Es real. El Espíritu Santo nos capacita para compartir los bienes espirituales entre nosotros. San Josemaría Escrivá utiliza una imagen muy bonita: «¿Ves lo que son las transfusiones de sangre para el cuerpo? Pues así viene a ser la Comunión de los Santos para el alma»[7].

En todo el mundo hay creyentes como tú que intentan seguir a Jesús en sus vidas. Cada uno tiene sus retos y sus luchas. Cada uno se enfrenta a pequeños o grandes pecados. Cada uno tiene un corazón que anhela amor verdadero. Algunos tienen que cargar con cruces muy pesadas. Pienso en los que viven en lugares donde sufren discriminación y persecución a causa de su fe, a veces incluso pagándolo con el exilio, la cárcel o la muerte. ¡Qué bonito es que puedas darles fuerza y consuelo a través de tu oración, tu lucha diaria y tu unión con Jesús en la Eucaristía! ¡Y que a la vez puedas apoyarte en ellos a través de la oración!

---

[5] Papa Francisco, Audiencia (30.10.2013).

[6] Catecismo de la Iglesia Católica, n. 771.

[7] S. Josemaría Escrivá, *Camino* (Madrid, 2021), n. 544.

No estás solo. Hay innumerables hermanos y hermanas en la fe que ya han alcanzado el destino del Cielo. Llenos de la dicha de Dios, nos ayudan con gusto en nuestro viaje terrenal. Todas las oraciones que compartimos con ellos las llevan a Dios. Por la gracia de Cristo pueden animarnos, fortalecernos y concedernos favores para ayudarnos en nuestro camino hacia la santidad. Además, sus vidas pueden ser una fuente de inspiración para nosotros, porque por muy clara que sea la teoría, necesitamos ejemplos prácticos. Por eso te animo a que profundices en la vida de los santos para crecer en devoción y para que puedas rezarles con familiaridad[8].

No estás solo. También hay hermanos y hermanas que se han salvado, pero todavía necesitan una purificación temporal antes de poder disfrutar del Cielo para siempre. Son las ánimas del purgatorio. Al igual que los santos, están dispuestas a ayudarnos en todo lo que necesitemos. Mi experiencia es que su ayuda es especialmente valiosa para superar los pecados y defectos con los que más luchas.

No deben estar solas. Las ánimas del purgatorio también cuentan con tu ayuda y la mía. Puesto que todos formamos el cuerpo místico de Cristo, podemos contribuir a su purificación, permitiéndoles ir antes al Cielo. La mejor manera de ayudarlas es ofreciendo la Santa Misa y haciendo ayuno y penitencia[9]. De esa manera tomamos sobre nosotros una parte de la

---

[8] En Internet, por ejemplo, se pueden encontrar documentales y reportajes sobre la vida de jóvenes que murieron en olor de santidad, como los ya mencionados *sister* Clare Crockett, Pedro Ballester y el beato Carlo Acutis.

[9] Si quiere saber más sobre las almas del purgatorio y cómo ayudarlas, te recomiendo el *Tratado sobre el Purgatorio* de S. Catalina de Génova.

purificación que ellos tienen que sufrir, para sufrirla nosotros mismos. Es una preciosa expresión de la comunión de los santos.

No estás solo. Desde tu nacimiento, siempre ha habido un ángel a tu lado velando por ti y queriendo ayudarte en tu camino hacia la santidad. La Biblia está llena de bonitas referencias a los ángeles y al papel que pueden desempeñar en nuestras vidas. Te animo a que leas el libro de Tobit, que cuenta la historia de Tobías y el ángel Rafael. Es una conmovedora historia que muestra lo que un ángel de la guarda puede significar en la vida de una persona. Es un amigo fiel y un compañero de viaje, un protector contra las asechanzas del diablo y un abogado ante la corte celestial.

Igual no tienes aún una relación personal con tu ángel. Pero no me sorprendería que, sin saber que era él, ya hayas experimentado su presencia alguna vez. Por ejemplo, oyendo una voz en tu corazón que te dice: «Lo que quieres hacer ahora no está bien. Ten cuidado». O que en un momento de miedo o tensión experimentes una presencia que te da paz. En cualquier caso, te animo a que inviertas en la relación con tu ángel custodio. Te hará mucho bien. El papa Francisco sugiere saludar al ángel de la guarda cada mañana, pedirle protección cuando nos vamos a dormir y pedirle consejo sobre cuestiones concretas a las que nos enfrentamos[10].

No estás sólo. La persona más poderosa ante Dios, y la que más te quiere después de Él, es nuestra

---

[10] Papa Francisco, Oración de la mañana en la capilla de S. Marta (2.10.2014).

queridísima Madre María. Es increíble lo que ella puede significar para tu vida, tu felicidad y tu relación con Jesús. Ella es mediadora, protectora y, sobre todo, madre. Fíjate lo que la Virgen dijo a santa Gertrudis de Nivelles en una visión: «A mi dulce Jesús no debe llamársele mi unigénito, sino mi primogénito. Primeramente le concebí a Él en mi seno, pero después de Él, o mejor dicho, por Él os he concebido a todos para que seáis hermanos suyos e hijos míos, adoptándoos en las entrañas de mi caridad maternal»[11].

Antes de morir, Jesús nos dio a su madre[12]. Está tan íntimamente unida a su Hijo que, cuando acudimos a ella, en realidad estamos acudiendo a Jesús. Los santos lo descubrieron y lo aprovecharon. No la soltaron, lo que les llevó a permanecer íntimamente unidos a Jesús. Pienso en Juan Pablo II, Maximiliano Kolbe, Faustina Kowalska, Josemaría Escrivá y tantos otros santos. San Luis María Grignion de Montfort llegó a afirmar que nadie puede conseguir la unión íntima con el Señor y la fidelidad perfecta al Espíritu Santo si no está íntimamente unido a María[13].

Quiero compartir dos sugerencias para ayudarte a crecer en devoción a la Virgen, con la convicción de que así vivirás mucho más en la presencia de Dios. La primera es rezar el Rosario a diario: tanto cuando estés muy ajetreado como cuando tengas más tiempo; a solas o con otros; en casa o de viaje. Igual la idea de rezarlo todos los días te supera un poco, pero ¿no crees

---

[11] Citado en: Dom J. B. Chautard, *El alma de todo apostolado* (Madrid, 2013), cap. 5.

[12] Evangelio según S. Juan 19, 26.

[13] S. Louis-Marie Grignion de Montfort, *Tratado de la Verdadera Devoción a María* (Madrid, 2021), n. 43.

que vale la pena reservar cada día veinte minutos para esta preciosa oración? Por ejemplo, puedes "robarle" ese tiempo al que dedicas a tu smartphone; podrías escuchar un poco menos de música mientras estás de camino al colegio o al trabajo y aprovechar para rezar el rosario, utilizando un podcast del rosario si es necesario. O podrías levantarte un poco antes para empezar el día con esta oración.

Igual te preguntas, ¿por qué es tan importante rezar cincuenta avemarías seguidas todos los días? ¿No es una especie de mantra católico? No. El Rosario es mucho más que una oración repetitiva. No por nada san Juan Pablo II lo llamaba una conversación confidencial con María y una garantía de su protección[14]. Y san Pío IX dijo que era un resumen del Evangelio y quiso que su amor por esta oración fuera el testamento para recordarle en la tierra[15].

Resulta que no sólo repetimos una hermosa oración —el Avemaría— sino que el Rosario es también una forma de conocer a Jesús a través de los ojos y el corazón de nuestra madre. El Evangelio menciona en varias ocasiones que María guardaba los sucesos con Jesús y las meditaba en su corazón[16]. El Rosario pretende lo mismo. Las cincuenta avemarías se agrupan en cinco acontecimientos especiales en la vida de Jesús: los llamados misterios. Cada día se contemplan cinco misterios distintos. Cuando lo reces, te aconsejo que hagas una breve pausa antes de

---

[14] S. Juan Pablo II, Audiencia (25.04.1987).

[15] Citado en: Francisco Fernández-Carvajal, *Hablar con Dios*, parte 10 (Madrid, 2022), Quinto día de la novena a la Inmaculada Concepción.

[16] Evangelio según S. Lucas 2, 19 y 2, 51.

comenzar cada misterio. En esa breve pausa, puedes preguntar a María: «Madre, ¿qué está pasando aquí? ¿Qué quiere decirnos Jesús?». Luego puedes rezar las diez avemarías que siguen con pausa y atención. Si rezas regularmente el Rosario de este modo, experimentarás mucha cercanía con Jesús y llegarás a conocerle mejor y más íntimamente. Quien reza el Rosario no está solo.

La segunda sugerencia está enfocada a la lucha contra el pecado. Imaginemos la siguiente situación. Una madre va con su hijo pequeño al zoo y ve como el niño se cuela dentro de la jaula del tigre. Mientras el animal se acerca al niño, este grita, pidiendo ayuda a su madre, pero ella permanece tranquila y contesta: «Ah, pues te fastidias. Te dije que tuvieras cuidado y no me has hecho caso». Este ejemplo suena bastante ridículo. Y es así, porque una madre nunca dejaría solo a un hijo que se encuentra en peligro y que pide ayuda. Acudiría inmediatamente a él para ayudarlo y protegerlo de cualquier peligro. Con otras palabras, si el pecado te tienta y le pides humildemente ayuda a María, ella no te ignorará.

Cuando la tentación de pecado se hace fuerte, te aconsejo que reces a María. Agarra firmemente el Rosario como un niño pequeño cogería la mano de su madre. Con Ella a tu lado, podrás afrontar cualquier peligro.

¿Y qué hacer cuando te dejas llevar por la tentación y pecas? Entonces María es también el mejor camino para volver a Jesús, como probablemente hizo el apóstol san Pedro. Antes de que Jesús fuera condenado a muerte en la cruz, Pedro le había traicionado tres veces. Los cuatro evangelios nos lo cuentan e indican que lloró lágrimas amargas al darse cuenta de su traición. Pero lo interesante es que no se dirigió inmediatamente a Jesús para pedirle perdón. El padre jesuita Luis de la Palma (1560-1641) tiene una teoría muy bonita sobre este sucedido:

> No quiso echarse allí mismo a los pies del Señor pidiéndole perdón, quizá le pareciera demasiado atrevimiento conseguir el perdón tan pronto, quizá quiso pedirlo primero con sus lágrimas y su penitencia. Solamente lloró y no dijo ninguna excusa, calló y lloró, y así lavó su culpa, con lágrimas. Y para llorar mejor se salió fuera. Se alejó del palacio donde había cometido el pecado. ¿A dónde iría a consolarse sino a la Virgen María, refugio de los pecadores, para contarle su tristeza y amargura? Ella le consoló y le dio la firme esperanza de alcanzar el perdón de su Hijo[17].

El pecado deja amargura y vacío. Como describí en un capítulo anterior, Jesús anhela fervientemente que volvamos a Él para que podamos ser sanados del pecado. Pero en la soledad que deja el pecado, a veces no es fácil encontrar el camino de regreso a Jesús. De hecho, el apóstol Judas Iscariote, que traicionó a Jesús como san Pedro, se dejó llevar por la desesperación y se ahorcó. ¡Qué pena que no siguiera el ejemplo de Pedro, buscando consuelo y esperanza en la Virgen! María es el camino más seguro para llegar a Jesús. Ella nunca te abandona, ni siquiera cuando estás a kilómetros de distancia de la Casa del Padre a causa del pecado. Si se lo pides, Ella te cogerá de la mano y te llevará hasta su Hijo. *No estás sólo.*

---

[17] Luis de la Palma, *Historia de la sagrada Pasión* (Madrid, 1971), "Jueves Santo".

7. TU PROPIO MAGNÍFICAT

«¡Ojalá pudiera poner en el corazón de la gente el fuego que tengo dentro, que arde en mí y que me hace amar tanto al Corazón de Jesús y al Corazón de María!».

— Santa Jacinta de Fátima[1]

No sé si has conocido a alguien que vive santamente. Yo sí. Puedo decirte que alguien así no te deja indiferente. Hay algo en esa persona que te hace feliz. Un santo deja huellas de alegría, paz y veracidad. No necesariamente porque esa persona sea muy carismática y tenga mucho talento, sino porque experimentas en esa persona la presencia del Espíritu Santo. El mejor ejemplo es la persona con la que hemos finalizado el capítulo anterior, nuestra madre María.

El Evangelio de Lucas nos cuenta que el ángel Gabriel se apareció a María para anunciarle que quedaría embarazada por obra del Espíritu Santo y que daría a luz al Hijo de Dios. El ángel también le comunicó que su prima Isabel había quedado embarazada en su vejez. Tras la visita del ángel, María decidió viajar a casa de su prima para asistirle en su parto. En cuanto María entró en la casa y saludó a su prima, el bebé saltó de alegría en el vientre de Isabel. Llena del Espíritu Santo, comenzó a alabar a María como madre de Dios. Al finalizar, la Virgen pronunció una oración muy especial:

---

[1] Citado en Gerard van den Aardweg, *Honderd jaar Fatima* (Utrecht, 2017), cap. 6 [traducción del autor].

Proclama mi alma las grandezas del Señor, y se alegra mi espíritu en Dios mi Salvador: porque ha puesto los ojos en la humildad de su esclava; por eso desde ahora me llamarán bienaventurada todas las generaciones. Porque ha hecho en mí cosas grandes el Todopoderoso, cuyo nombre es Santo; su misericordia se derrama de generación en generación sobre los que le temen. Manifestó el poder de su brazo, dispersó a los soberbios de corazón. Derribó de su trono a los poderosos y ensalzó a los humildes. Colmó de bienes a los hambrientos y a los ricos los despidió vacíos. Protegió a Israel su siervo, recordando su misericordia, como había prometido a nuestros padres, Abrahán y su descendencia para siempre[2].

Esta alabanza a María se conoce como el Magníficat, que es la primera palabra en la versión latina: *Magnificat anima mea Dominum*. Esta oración no solía llamarme mucho la atención, pero gradualmente he ido descubriendo que se trata de la expresión más hermosa de lo que es la santidad. En toda su humildad, María no puede dejar de dar gracias a Dios por todas las cosas maravillosas que Él hace a través de ella. Experimenta tan claramente que el Espíritu Santo vive y actúa en ella, que se desborda de alegría.

En este capítulo final, quiero mostrarte que tu vida se va transformando en un magníficat cuando caminas por la senda de la santidad. Cuando damos libertad al Espíritu Santo para que haga su obra en nosotros, nuestra vida se convierte en una alabanza, en una humilde acción de gracias y en un fuego de amor que no deja indiferente a nadie. Incluso si eres muy

---

[2] Evangelio según S. Lucas 1, 46-49.

normal. Incluso si te sientes débil, vulnerable y capaz de poco. Incluso cuando el pecado te da mucho la lata. Precisamente entonces, porque en tu normalidad y debilidad se puede ver claramente cómo Dios actúa a través de ti. El Señor tiene una predilección por los débiles, los dañados y los fracasados: «Dios escogió la necedad del mundo para confundir a los sabios, y Dios eligió la flaqueza del mundo para confundir a los fuertes»[3].

Para convertir tu vida en un magníficat tienes que aprender a confiar en Dios para que no te resistas a su actividad en tu vida. El Espíritu Santo vive en ti cuando estás en estado de gracia[4]. Cuanto más consciente seas de su presencia y más atentamente escuches su voz, más podrás experimentar su alegría y más impacto tendrá en tu comportamiento.

Un ejemplo muy bonito es la beata Guadalupe Ortiz (1916-1975). Nació en Madrid y, por el trabajo de su padre, pasó su infancia con su familia en distintas ciudades españolas y en Tetuán (Marruecos). Cuando terminó el colegio, se fue a estudiar química a la universidad en Madrid. Tuvo que sufrir algunos duros golpes. Por ejemplo, durante la Guerra Civil española (1936-1939), su padre fue fusilado por los comunistas. Después de la guerra, conoció a san Josemaría Escrivá y descubrió su vocación al

---

[3] Primera Carta a los Corintios 1,27.

[4] Por estado de gracia se entiende la gracia santificante de Dios presente en nosotros. Perdemos esta gracia cuando cometemos un pecado mortal (es decir, un pecado grave en el que nos alejamos conscientemente de Dios) y la recibimos de nuevo cuando nos reconciliamos con Dios mediante el sacramento de la Confesión. Véase: Catecismo de la Iglesia Católica, n. 1861.

Opus Dei. Decidió seguir al Señor en medio del mundo, abrazando la gracia del celibato.

Vivió el resto de su vida en España, México e Italia. Dedicó gran parte de su tiempo a proyectos educativos, especialmente dirigidos a mujeres desfavorecidas. Por ejemplo, creó escuelas y centros de formación en zonas rurales de México y en Madrid. Murió a los 61 años a causa de un problema cardíaco. En 2019 fue beatificada en la capital española.

Guadalupe tenía claros talentos: era muy inteligente (fue una de las primeras mujeres en España que se doctoró en química) y tenía claros dotes de liderazgo. Pero no era perfecta y tenía que luchar contra defectos y pecados, como todo el mundo. En medio de esa lucha, supo entregar cada vez de nuevo su corazón a Dios para que le ayudara. Así escribió en una carta: «Aunque veo que todo lo hago con muchos defectos (vanidad y amor propio, sobre todo) noto tanto que me ayuda el Señor que estoy segura de que si Él se empeña llegaré a agradarle de verdad»[5].

Esta idea de "dar a Dios todo el espacio" puede sonar un poco abstracto, pero si nos fijamos en la vida de los santos, vemos que supieron abrirse a Dios de un modo muy concreto. Guadalupe intentaba implicar a Dios al máximo en su vida cotidiana, para así experimentar cada vez más su presencia. Esto no significa que estuviera siempre llena de sentimientos dulces y piadosos. La presencia no está en los sentimientos. Se trata más bien de una actitud. Esto es evidente en otra carta suya: «Quiero mucho a Dios. Cada día más, con

---

[5] M. del Rincón & M. T. Escobar, *Letras a un santo* (Roma, 2018), cap. 1.

más fuerza y con más seguridad. Aunque generalmente no lo noto de una manera sensible, sino en la manera de reaccionar ante las cosas»[6].

Los santos no están hechos de una pasta distinta que el resto del mundo. Son pecadores, tienen defectos y reciben golpes en la vida. Pero los santos han descubierto el secreto de la Virgen: que el Dios Uno y Trino está realmente presente en cada persona que vive en estado de gracia y que Él tiene el ferviente deseo de llenar nuestras vidas con su alegría. De ahí que los santos involucraron cada vez más a Dios en todos los aspectos de la vida: el trabajo, la vida social, el hogar, el ocio... En todo.

A veces pensamos que Dios está lejos, en algún lugar recóndito del cielo, cuando en verdad está muy cerca. ¡Está dentro de ti! Y en tu interior el Espíritu Santo busca tu atención y te pide que le dejes hacer de ti una bella obra de arte, un canto de alabanza, un magníficat. Cuando seas consciente de esto, experimentarás como María que Él hace en ti cosas grandes.

Este proceso requiere tu colaboración. No puedes dejarlo a la espontaneidad o al sentimiento del momento. Sucede a menudo que perdemos la concentración y olvidamos que Él vive en nosotros. Por eso te aconsejo que cada día dejes espacio para encuentros concretos con Dios. Piensa, por ejemplo, en las prácticas piadosas que he comentado en capítulos anteriores, como la Santa Misa, tiempos definidos de oración personal, la lectura de la Biblia y

---

[6] M. del Rincón & M. T. Escobar, *Letras a un santo*, cap. 5.

99

el rezo del Rosario. Te animo a que lo concretes con la ayuda de un director espiritual[7].

Parece que los corazones de algunas personas arden con el fuego del Espíritu Santo cuando están alabando al Señor en medio de una gran multitud en un día soleado, pero que ese fuego se extingue cuando van al colegio o al trabajo en una lluviosa mañana de lunes. Un santo no es alguien que adora eufóricamente al Señor todos los días. De hecho, le pasará a menudo que se siente desmotivado, seco o cansado. Puede que regularmente se levante por la mañana y prefiera quedarse en la cama todo el día. Pero precisamente en medio de estas circunstancias y con esos estados de ánimo, sigue buscando la presencia de Dios. El fuego del Espíritu Santo arde siempre en esa persona, porque tanto en los días soleados como en los grises hace el esfuerzo de seguir encontrándose con Jesús: cuando se siente deprimido y cuando se siente eufórico.

Cuando tu vida se convierte en un magníficat, se convierte en un signo del amor de Dios en el mundo. Esto es lo que leemos sobre el magníficat de María: en cuanto entró en casa de su prima, Juan saltó de alegría en el vientre de Isabel, porque Juan experimentó la presencia de Jesús en la Virgen. El Espíritu Santo desea que quienes nos rodean experimenten a Jesús en nosotros y que saboreen su alegría. Qué bonito es cuando un amigo puede decir de ti: «Es tan normal, su

---

[7] El director espiritual es una persona piadosa con sabiduría y discernimiento espiritual que —inspirado por el Espíritu Santo— te ayuda a descubrir la voluntad de Dios en tu vida y crecer en tu relación personal con Cristo. Si no tienes un director espiritual, te animo a que hables de ello en tu parroquia o en la comunidad de fe en la que estés involucrado.

vida es parecida a la mía, pero hay algo en él que me atrae enormemente: alegría verdadera».

Esto es lo que experimentó un chico cuando conoció a Pedro Ballester. Después de hablar con él, le dijo a otro amigo: «He conocido a un cristiano con fuego en el alma»[8]. Ese fuego que experimentó el muchacho es fruto de la íntima relación que Pedro tenía con Jesús. Pedro tenía el ardiente deseo de encender a otros con ese fuego, siguiendo el ejemplo del Señor: «Fuego he venido a traer a la tierra, y ¿qué quiero sino que ya arda?»[9]. Lo mismo le ocurría a la Hermana Clare, que escribió en su diario: «El Señor me ha hecho saber que yo existo para mostrar a Dios al hombre con mi ejemplo, con mi vida, con mi grado de entrega y no solo con palabras»[10]. Los santos descubrieron que poseían un tesoro tan grande que no tenían más remedio que compartirlo con los demás.

Tú y yo estamos llamados a compartir con los demás la alegría de vivir en Cristo. Esto se puede hacer sin rarezas y de forma natural: con tu sonrisa, tu alegría interior, tu servicio y tu testimonio. O sea, amándolos con el amor de Jesús que vive en ti. En palabras de Chiara Badano: «No se trata tanto de hablar de Jesús sino de darles a Jesús (...). En particular por mi manera de amar»[11]. Esta joven murió en 1990, cuando sólo tenía 17 años. Su vida fue una gran sonrisa, que estuvo especialmente presente durante su grave enfermedad.

---

[8] Jorge Boronat, *¡Nunca he sido más feliz! Pedro Ballester* (Murcia, 2022), cap. 9.

[9] Evangelio según S. Lucas 12,49.

[10] Kristen Gardner, *Sola con el Solo*, cap. 10.

[11] www.chiarabadano.org/en/life/#adolescenza [traducción del autor].

Chiara Lubich, fundadora del movimiento católico de los Focolares, en el que participaba Chiara Badano, escribió en un telegrama a los padres tras la muerte de la joven: «Demos gracias a Dios por esta radiante obra maestra»[12]. Baldano, que fue beatificada en 2010, fue un maravilloso ejemplo de un magníficat.

Acercarás a los demás a Dios en la medida en que tú mismo estés unido a Jesús. El abad trapense francés Jean Baptiste Chautard lo vinculaba a la Eucaristía, diciendo:

> La fecundidad del apostolado, casi invariablemente, es paralela al grado de vida eucarística alcanzado por el alma del apóstol. Efectivamente, un apostolado será eficaz en la medida en que provoque en las almas la sed de participar frecuente y prácticamente en el divino banquete. Y este resultado no se obtiene sino en la medida en que el mismo apóstol vive en verdad, de Jesús-Hostia[13].

En el capítulo 5, te animé a hacer de tu día un sacrificio eucarístico. Este es el fundamento de tu magníficat, de tu misión apostólica. En ese contexto, Chautard advierte contra el peligro del activismo. Con ello quiere decir que un creyente hace y organiza todo tipo de cosas para acercar a los demás a Jesús, sin prestar suficiente atención a su propia relación con Cristo, que es el fundamento de su vida de fe y de su misión apostólica. Chautard cuenta un testimonio que lo refleja muy bien:

---

[12] Ibidem.

[13] Dom J. B. Chautard, *El alma de todo apostolado*, cap. 4.

Una Congregación de Hermanas Catequistas era dirigida por un religioso. Un día dijo a la Madre Superiora:

—Mire, Madre, creo que la Hermana 'X' debe dejar de explicar el catecismo durante un año por lo menos.

—Pero si es la mejor catequista que tengo. De todos los arrabales de la ciudad acuden los niños atraídos por el cariño con que los trata. Retirarla del catecismo sería ver la desbandada de todos los niños.

El Padre le responde:

—Desde la tribuna suelo escuchar sus instrucciones. En efecto, tiene encantados a los niños, pero de un modo excesivamente humano. Si pasa otro año de noviciado se formará mejor en la vida interior y santificará su alma y la de los niños con su celo y su talento; pero ahora es un obstáculo para que Nuestro Señor ejerza su acción en esas almas, que está preparando para la primera Comunión... Veo, Madre, que os entristece mi insistencia. Pues bien; voy a hacerle una propuesta. Conozco la Hermana 'Y', alma de gran vida interior, aunque desprovista de talentos. Pídale a la Madre General que se la envíe para unos meses. La primera acudirá al catecismo durante el primer cuarto de hora, para que no se cumplan vuestros temores de deserción de los pequeñuelos, y poco a poco irá reduciendo los minutos, hasta retirarse del todo. Usted verá cómo los niños harán mejor sus oraciones y cantarán los cantos más fervorosamente. El recogimiento y la docilidad que adquirirán serán un reflejo del carácter sobrenatural de sus almas. Ese será el termómetro.

A los quince días (la Superiora pudo comprobarlo) la Hermana 'Y' explicaba sola la lección y el número de los niños había aumentado. Era Jesús quien daba el catecismo por ella. Con su mirada, modestia, dulzura y bondad; con la manera de hacer la señal de la Cruz; con su voz enseñaba a Nuestro Señor. La Hermana 'X' con su talento aclaraba y hacía más. Desde luego, trabajaba en la preparación de las explicaciones, para exponerlas con claridad, pero el secreto de su dominio sobre sus oyentes era la unción de su palabra y de su gesto. Esa unción es la que pone a las almas en contacto con Jesús.

En el catecismo de la Hermana 'Y' no había brillantes párrafos, ni miradas atónitas, ni la fascinación que pudiera provocarse con la interesante conferencia de un explorador o la narración emocionante de una batalla.

Allí se respiraba la atmósfera del recogimiento en la atención. Los niños estaban en la sala de catecismo como si fuera la Iglesia, sin necesitar el empleo de ningún medio humano para evitar la distracción o el aburrimiento. ¿Qué influencia misteriosa planeaba sobre los asistentes? Sin duda, la de Jesús, que se ejerce directamente. Porque un alma interior explicando las lecciones de catecismo, es como una lira que suena pulsada por los dedos del divino Artista. Y ningún arte humano, ni el más maravilloso, puede compararse con la acción de Jesús[14].

En los Evangelios leemos sobre una serie de personas atormentadas por graves enfermedades,

---

[14] Ibidem.

decepcionadas por la vida o sucumbidas por los pecados. Pienso en el leproso que fue curado mientras Jesús recorría Galilea, en los dos hombres que regresaron derrotados a Emaús tras la muerte de Jesús y en la samaritana que fue a buscar agua al pozo de Sicar. De repente, Cristo apareció en sus vidas y consiguió liberarlos de sus aflicciones. Sobre todo, supo tocar sus corazones. Por consiguiente, estas personas no podían hacer otra cosa que dar testimonio de lo que Jesús había hecho en sus vidas.

Rezo para que tú también encuentres a Cristo en tu camino y que Él te robe el corazón para que no puedas hacer otra cosa que dar testimonio del Amor que reina en ti. No lo olvides nunca, el mayor deseo que Jesús tiene para ti es que seas santo. Dios quiere hacer de tu vida un magníficat, como lo hizo con nuestra madre María.

Quiero finalizar este libro con una oración de san John Henry Newman (1801-1890):

Amado Señor, ayúdame a esparcir tu fragancia donde quiera que vaya.

Inunda mi alma de espíritu y vida.

Penetra y posee todo mi ser hasta tal punto que toda mi vida solo sea una emanación de la tuya.

Brilla a través de mí, y mora en mí de tal manera que todas las almas que entren en contacto conmigo puedan sentir tu presencia en mi alma.

Haz que me miren y ya no me vean a mí, sino solamente a ti, oh Señor.

Quédate conmigo y entonces comenzaré a brillar como brillas Tú; a brillar para servir de luz a los demás a través de mí.

La luz, oh Señor, irradiará toda de Ti; no de mí; serás Tú quien ilumine a los demás a través de mí.

Permíteme, pues, alabarte de la manera que más te gusta, brillando para quienes me rodean.

Haz que predique sin predicar, no con palabras, sino con mi ejemplo, por la fuerza contagiosa, por la influencia de lo que hago, por la evidente plenitud del amor que te tiene mi corazón.

Amén.

ESTE LIBRO, PUBLICADO POR
EDICIONES RIALP, S. A.,
MANUEL URIBE 13-15, 28033 MADRID,
SE TERMINÓ DE IMPRIMIR EN
ESTILO ESTUGRAF, S. L.
CIEMPOZUELOS (MADRID),
EL DÍA 25 DE JULIO DE 2024.